TINTIN
et le
Québec

**Catalogage avant publication de Bibliothèque et Archives
nationales du Québec et Bibliothèque et Archives Canada**

Demers, Tristan, 1972-

    Tintin et le Québec : Hergé au cœur de la Révolution tranquille

    Publ. en collab. avec les Éditions Moulinsart.
    Comprend des réf. bibliogr. et un index.

    ISBN 978-2-89647-080-8

    1. Tintin (Personnage fictif). 2. Hergé, 1907-1983 - Influence. 3. Québec (Province) - Histoire - 1960-1976.
4. Hergé, 1907-1983 - Voyages - Québec (Province). I. Titre.

PN6790.B44T57 2010   741.5'9493   C2009-941321-3

Les Éditions Hurtubise bénéficient du soutien financier des institutions suivantes pour leurs activités d'édition :

• Conseil des Arts du Canada ;
• Gouvernement du Canada par l'entremise du Programme d'aide
  au développement de l'industrie de l'édition (PADIÉ) ;
• Société de développement des entreprises culturelles du Québec (SODEC) ;
• Gouvernement du Québec par l'entremise du programme de crédit d'impôt
  pour l'édition de livres.

Édition : André Gagnon
Conception graphique de la couverture : René St-Amand
Photographie de la couverture : Archives d'Hydro-Québec
Illustration de la couverture : Dessin d'Hergé (1965), colorisé par les Studios Hergé (2010)
Maquette intérieure : Bruno Ricca
Mise en pages : La Boîte de Pandore

ISBN 978-2-89647-080-8

Dépôt légal : 3ᵉ trimestre 2010
Bibliothèque et Archives nationales du Québec
Bibliothèque et Archives du Canada

Diffusion-distribution au Canada :
Distribution HMH
1815, avenue De Lorimier
Montréal (Québec) H2K 3W6
Téléphone : 514 523-1523
Télécopieur : 514 523-9969
www.distributionhmh.com

Diffusion-distribution en Europe :
Librairie du Québec/DNM
30, rue Gay-Lussac
75005 Paris FRANCE
www.librairieduquebec.fr

Imprimé en Malaisie
www.editionshurtubise.com

Tristan Demers

TINTIN
et le
Québec

HERGÉ AU CŒUR DE
LA RÉVOLUTION TRANQUILLE

Une idée originale de Christian Proulx

Hurtubise

Introduction

Dès l'arrivée des premiers albums d'Hergé au Québec, les jeunes se sont reconnus dans les aventures du reporter. Tintin, c'était le héros qui n'avait peur de rien, si différent pourtant de ses confrères américains, puissants et musclés. Il dégageait aussi ce je ne sais quoi d'européen qui nous ressemblait. La littérature pour la jeunesse de langue française prenait sa place et proposait l'aventure avec un grand A, se distinguant des sempiternelles traductions auxquelles les Anglo-Saxons nous avaient habitués. Combien de jeunes garçons ne déballèrent-ils pas une bande dessinée d'Hergé sous le sapin de Noël ? À quel point le professeur Tournesol ou le capitaine Haddock ne façonnèrent-ils pas l'imaginaire des enfants de la Révolution tranquille ?

L'effervescence sociale et culturelle du Québec des années 1960 fut ponctuée d'événements où Tintin tenait la vedette – souvent malgré lui. Et comme la « Belle Province » ne représentait qu'une infime fraction des ventes de bandes dessinées francophones, nul ne pouvait imaginer, de l'autre côté de l'Atlantique, la place immense qu'occupait le héros d'Hergé dans le cœur des enfants d'ici. Voici la raison qui explique, en partie, l'utilisation plus ou moins autorisée de l'image de Tintin au Québec à des fins commerciales, en ces années où une poignée de main suffisait à conclure une entente de commandite ou de reproduction.

Des enfants lisent des albums de Tintin lors de l'événement « Culture vivante » présenté à la bibliothèque de la paroisse Ville-Marie à Montréal, en 1968.

Certains verront dans ces arrangements la candeur caractéristique d'une époque où tout restait à faire ; d'autres encore constateront l'indifférence ou le mépris que vouaient les intervenants du milieu de la lecture à l'égard de la bande dessinée, ces «petits comics» qui n'étaient pas de la «vraie lecture». Quoi qu'il en soit, Tintin fit bouger les choses. Et bien sûr, Hergé ne se doutait de rien – jusqu'à son voyage au Québec, en avril 1965.

Ce livre, abondamment illustré, se veut un journal de bord qui permet de suivre le parcours québécois de Tintin et de son créateur, ainsi qu'un voyage nostalgique au cœur d'une Belle Province en mouvement, autant sur le plan culturel que politique. Il est d'ailleurs amusant de constater que deux des plus célèbres phrases du général de Gaulle concernent des thèmes abordés dans cet ouvrage : l'indépendance du Québec et la «rivalité» amicale de Tintin, son seul rival au niveau international !

Ce récit est aussi une grande aventure québécoise, peuplée de personnages aussi courageux et téméraires que ceux d'Hergé. Une aventure dans laquelle Tintin, fidèle à lui-même, se serait lancé la tête la première !

La littérature jeunesse après Duplessis

Au début des années 1960, la population québécoise compte un très faible pourcentage de lecteurs, car on y trouve une proportion appréciable d'analphabètes. La lecture demeure l'apanage des intellectuels et des individus les mieux nantis de la société. Le ministère de l'Éducation, constitué sous le gouvernement libéral de Jean Lesage, commence tout juste à appliquer la loi de 1943 décrétant l'éducation obligatoire.

Selon plusieurs observateurs, l'Église catholique a retardé délibérément le processus d'accessibilité à l'école, en ce temps où, sous le régime Duplessis, la religion et l'État ne faisaient qu'un. Le catholicisme colore toutes les activités sociales, culturelles et politiques de la vie quotidienne des Québécois à cette époque. Si ce qu'on appellera plus tard la Révolution tranquille s'amorce, des changements sociaux concrets n'émergent pas encore.

C'est de lectures éphémères dont se nourrissent surtout les Québécois. Les kiosques à journaux proposent des périodiques abondamment illustrés, pour la plupart destinés à un public féminin : *La Revue populaire* et *La Revue moderne* divertissent chaque semaine des milliers de lectrices. Pour le reste, très peu d'ouvrages sont publiés, et encore moins en littérature pour la jeunesse. En fait, au début de la décennie, moins de 250 livres en langue française sont publiés annuellement au Québec. Il s'en publie aujourd'hui 20 fois plus !

Les enfants se régalent le plus souvent de titres édités en France : les livres de la Bibliothèque rose ou ceux de la comtesse de Ségur figurent parmi les plus populaires. À chacun ses héros : les filles lisent les aventures de Martine publiées par Casterman et les garçons celles de Bob Morane, publiées par les Éditions Marabout. Le héros d'Henri Vernes connaîtra au Québec une telle vogue que l'éditeur fera du hockeyeur vedette Jean Béliveau son porte-parole.

Malgré tout, quelques livres d'auteurs québécois pour la jeunesse parviennent à séduire les enfants : les contes d'Eugène Achard, par exemple, ou ceux de la célèbre tante Lucille, une véritable femme d'affaires active dans quatre domaines : littérature, radio, disque et scène. D'autres publications, des fascicules ou des albums vendus au prix de 10 sous, obtiennent un franc succès, comme *Les Aventures étranges de l'agent Ixe-13*, de Pierre Saurel. Cet auteur est bien connu du grand public : de son vrai nom Pierre Daignault, il personnifie le père Ovide dans la série *Les Belles Histoires des Pays-d'en-haut*, inspirée du roman de Claude-Henri Grignon et diffusée sur la chaîne de Radio-Canada. Le monde vivant à l'ère de la conquête spatiale, plusieurs séries se consacrent à la science-fiction : *Unipax*, de Maurice Gagnon, ou encore *Volpex*, d'Yves Thériault.

La bande dessinée, bien qu'appréciée, est considérée comme un art mineur, essentiellement destiné à la jeunesse. Les titres disponibles proviennent surtout des États-Unis. Onésime représente une exception, car le héros typiquement québécois d'Albert Chartier occupe, chaque semaine depuis près de 20 ans, une place de choix dans *Le Bulletin des agriculteurs*.

La plupart des séries de bandes dessinées sont achetées par les agences françaises et, surtout, américaines, pour être ensuite publiées dans les suppléments hebdomadaires pour enfants de plusieurs quotidiens québécois.

Les grands quotidiens

À Montréal

Deux grands journaux hebdomadaires de la métropole se partagent le marché des suppléments de fin de semaine. Il y a d'abord *La Patrie*, un hebdomadaire, jadis quotidien, fondé en 1879. Diffusé partout au Québec, il est tiré chaque jeudi à près de 200 000 exemplaires. Propriété du journal *La Presse* depuis 1933, ses opinions épousent les grands courants du Québec sous l'angle du changement. Son format tabloïd est accompagné régulièrement de suppléments consacrés à différentes thématiques.

Yves Michaud, à son arrivée à la tête de *La Patrie*.

Yves Michaud est le rédacteur en chef de *La Patrie* depuis 1961. Nous voilà encore loin de l'aventure du quotidien *Le Jour*, qu'il fondera en 1973 avec René Lévesque et Jacques Parizeau. À cette époque, il ne s'est pas encore lancé dans l'arène politique, qu'il rejoindra en 1966 en qualité de député libéral provincial.

Ce journaliste engagé, tout juste débarqué du *Clairon* de Saint-Hyacinthe, veut faire de *La Patrie* un véritable journal familial ainsi qu'un lieu de débat et de prise de parole afin de court-circuiter son compétiteur, *Le Petit Journal*.

La Patrie publie chaque jeudi un cahier de bandes dessinées composé de classiques américains : Philomène, Blondinette, les héros de Disney, Dick Tracy, Joe Bras de Fer et Roger Courage, mais aussi Annie la Petite Orpheline, Mandrake le Magicien, les Jumeaux du Capitaine…

Les journalistes de la salle de rédaction s'improvisent traducteurs et retranscrivent, dans les bulles des vignettes, de nouvelles répliques en français. Le fruit de leurs efforts n'est évidemment ni lu ni validé par les agences américaines qui fournissent les planches à l'hebdomadaire.

Le Petit Journal est imprimé, pour sa part, à 300 000 exemplaires. Le journaliste et romancier Jean-Charles Harvey est le rédacteur en chef de cette publication qui a pour toile de fond la culture populaire. Plusieurs jeunes journalistes composent son équipe, dont le futur auteur et dramaturge Jean-Claude Germain. Jusqu'alors épicier, il est bien loin de se douter de la carrière qui l'attend. Les BD publiées dans *Le Petit Journal* sont toutes américaines et les traductions approximatives de plusieurs d'entre elles laissent pantois : Bugs Bunny s'appelle Jeannot Lapin, Archie se nomme Serge et les Peanuts sont littéralement rebaptisées les Pinottes ! On y trouve aussi le Surhomme, monsieur Saint-Gallon, le docteur Lebon, Gazou, Henri et la famille Têtebêche, une bande dessinée aussi connue sous le nom de Blondinette.

Enfin, *L'Action* (jadis *L'Action catholique*), très présent dans la vie quotidienne des Canadiens français, ne se veut pas seulement un journal, mais aussi un mouvement social agissant comme un groupe de pression. Ainsi, il s'est donné pour mission de préserver les valeurs chrétiennes, en publiant par exemple des fascicules et magazines destinés aux enfants. Avec ses éditoriaux aux allures de sermons et ses cotes de valeur morale accordées aux films à l'affiche, l'orientation du journal ne laisse aucune place au doute !

L'Action réserve, lui aussi, un espace aux bandes dessinées américaines, disséminées au petit bonheur dans ses pages.

L'édifice de *La Patrie*, vers 1960.

Les Sept Boules de cristal, page 48, case 9.

Ailleurs au Québec

Emboîtant le pas aux tendances de la métropole, les autres journaux de la province proposent à leurs lecteurs une sélection de bandes dessinées, à fréquence quotidienne ou hebdomadaire, provenant, pour la plupart, des États-Unis.

En Outaouais, *Le Droit* publie son propre cahier jeunesse sous le nom de *L'Hebdo Revue*. Chaque semaine, les enfants y retrouvent leurs personnages préférés: les Berlurons, Tarzan, l'incontournable Joe Bras de Fer, le juge Paquin, Toto et Titi, Marc des Bois, Denis la Menace (devenu Denis l'Espiègle) et Yogi l'Ours, la célèbre bande dessinée d'Hanna-Barbera. De plus, *L'Hebdo Revue* est enrichi de reportages animaliers, géographiques et historiques – de quoi occuper les enfants des heures durant!

De son côté, *La Tribune* propose aux jeunes Sherbrookois des jeux, tests, blagues et mots croisés, qui côtoient des BD de science-fiction et d'action comme Pilote Tempête et Buck Rogers. Une fois de plus, les traductions très librement inspirées des journalistes de la rédaction demeurent surprenantes: Mickey Mouse est rebaptisé la souris Mickette et Denis la Menace devient, en Estrie, Denis le Terrible. À ce petit jeu, *Le Journal de Montréal* gagne tous les concours de loufoquerie. Au moment de sa création, en 1964, il rebaptise Mickey Mouse, Moumousse et les Peanuts, la famille Pistache!

Si les jeunes lecteurs du *Soleil* de Québec n'ont pratiquement rien à se mettre sous la dent, ceux de *La Voix de l'Est* de Granby se régalent du capitaine Bonvent, de Philomène et de Ferdinand. Une chose est claire: la bande dessinée destinée aux enfants est exclusivement américaine. Personne ne songe à consacrer plus d'espace aux personnages franco-belges dans les quotidiens de la province.

Illustration réalisée par Hergé pour un article paru dans *Le Petit Vingtième* du 13 août 1931.

C'était à une époque où on retrouvait encore des kiosques à journaux sur les trottoirs de Montréal…

Tintin et le marché québécois

La diffusion des albums de Tintin au Québec remonte aux années 1945-1950, soit bien après la création du personnage, qui date de 1929. La popularité de Tintin, reflétée par les quantités impressionnantes d'exemplaires vendus par les libraires québécois, a de quoi impressionner la direction des Éditions Casterman en Belgique.

Raymond Beaulé est le représentant officiel de l'éditeur au Québec depuis 1962. De son bureau montréalais de la rue Sherbrooke, il coordonne les opérations, dont les plus importantes consistent à placer l'ensemble des collections de Casterman en librairie, organiser des campagnes promotionnelles et entretenir de bonnes relations avec ses clients.

Plusieurs séries pour la jeunesse font les choux gras de l'entreprise belge et trouvent preneurs de ce côté-ci de l'océan : Petzi, Alix, Lefranc et, bien sûr, Martine. La société Casterman est scindée en deux départements : édition et imprimerie. Cette dernière réalise la plupart des ouvrages de la maison, mais imprime aussi la production de nombreux autres éditeurs. Les frères Casterman se partagent la direction de l'entreprise ; Louis supervise l'édition avec son fils aîné Louis-Robert, qui lui succédera, tandis que Gérard est responsable de l'imprimerie.

À l'arrivée de Beaulé chez Casterman, la notoriété de Tintin est à son apogée dans toute la province. Les ventes totales de l'ensemble de la collection, pour le territoire, dépassent les 200 000 exemplaires. L'as reporter n'a pas beaucoup de concurrents et demeure un phénomène isolé, car l'achat d'une bande dessinée cartonnée n'est pas encore entré dans les mœurs des consommateurs. Une histoire de Tintin, c'est un cadeau de Noël idéal, un produit de luxe prolongeant le plaisir des bandes illustrées des journaux de fin de semaine.

Raymond Beaulé travaille avec Jean-Jacques Dursin, le directeur commercial des Éditions Casterman en Europe. C'est à ce titre que ce dernier multiplie les séjours au Québec, afin de rencontrer le représentant québécois et les principaux acheteurs des collections de Tintin, les libraires et bibliothécaires.

L'entrepôt de Casterman à Montréal reçoit, par bateau, les livres commandés à Raymond Beaulé. Celui-ci les achemine ensuite aux 13 libraires-grossistes de l'époque, presque tous basés dans la métropole, qui les revendent ensuite partout à travers la province. Enfin, les librairies régionales fournissent à leur tour leurs propres réseaux de détaillants : kiosques à journaux, terminus d'autobus et dépanneurs de quartier.

L'omniprésence de Tintin dans une centaine de librairies et autres points de vente explique en partie le succès de la série, en ce temps où la littérature pour la jeunesse est quasi inexistante au Québec, et à l'heure où les collectivités se structurent et commencent à garnir les rayons de leurs bibliothèques scolaires et municipales.

Au Québec comme en Belgique, les affiches publicitaires des albums de Tintin sont distribuées dans les librairies et de multiples points de vente. Ci-contre : Illustration extraite du prospectus *Bonjour Monsieur le libraire !* (1958)

Page suivante : Affiche publicitaire réalisée par Hergé (vers 1945).

les albums
TINTIN & MILOU
sont
EN VENTE ICI

Hergé au début des années 1960

Depuis déjà longtemps, Hergé est l'un des auteurs qui dominent le marché de la bande dessinée tout public. Au début des années 1960, les aventures de Tintin sont traduites en une douzaine de langues et la version originale française s'est écoulée à plus de 10 millions d'exemplaires. Hergé travaille au rythme d'environ un album tous les deux ans, partageant son temps entre la table à dessin et la direction de son studio de création, qui compte une douzaine d'employés, incluant les comptables et le chauffeur. Coloristes, graphistes, responsables de la gestion des produits dérivés, tous s'affairent à recréer l'univers de Tintin dans le quotidien des enfants de 7 à 77 ans, s'assurant que son image soit utilisée dans le respect de l'œuvre de l'auteur.

Fidèle en affaires et heureux dans la continuité, Hergé travaille depuis plus de 30 ans avec les Éditions Casterman et poursuit sa collaboration avec le *Journal Tintin,* qui est publié chaque semaine à plus de 200 000 exemplaires par les Éditions du Lombard.

C'est à cette époque que paraît *Tintin au Tibet,* généralement considéré comme l'œuvre la plus poétique et la plus achevée d'Hergé. De son propre aveu, il est parvenu, par la création de cet album, à chasser ses démons intérieurs, imputables à un mariage chancelant et à une relation semi-engagée avec celle qui deviendra plus tard sa seconde épouse. Il désire relever de nouveaux défis et la création de la prochaine aventure de Tintin en représente un de taille. Dans ce nouvel épisode de ses exploits, le jeune reporter demeure au château de Moulinsart de la première à la dernière case, lui qui a coutume de parcourir le vaste monde. Vous l'aurez compris, Hergé travaille sur *Les Bijoux de la Castafiore.*

Bien que moins globe-trotter que son alter ego, Hergé se laisse tenter et voyage à l'occasion avec sa compagne, Fanny Vlaminck. Il découvre un univers qui le passionnera toute sa vie, celui de l'art abstrait, dont il apprend les rudiments en suivant des cours de peinture.

Hergé est un véritable ambassadeur de la Belgique. Sa «ligne claire» est reconnue aux quatre coins de la planète et son agenda chargé témoigne de sa notoriété. Aux abords de la soixantaine, Hergé est un homme épanoui qui a réussi à trouver son équilibre entre l'artiste public qu'il est et l'homme secret qu'il reste.

Hergé en discussion avec ses collaboratrices du studio, en 1958.

Page suivante : Esquisse couleur de la couverture de l'album *Les Bijoux de la Castafiore,* réalisée au début des années 1960.

Premier Plan

La journaliste et animatrice Judith Jasmin, vers la fin des années 1950.

Lorsqu'il entame la création d'un nouvel album, Hergé s'éloigne parfois de ses studios de Bruxelles et de ses collaborateurs, pour travailler paisiblement au découpage de ses histoires. Il dessine alors dans sa grande maison de La Ferrière, à Céroux-Mousty dans les Ardennes brabançonnes.

En juin 1961, il travaille justement sur *Les Bijoux de la Castafiore*. Même si le maître est absent, on ne manque pas de boulot aux studios de l'avenue Louise, puisqu'on s'affaire à la refonte complète de *L'Île noire*, afin d'en adapter le graphisme et le récit au marché anglo-saxon.

C'est à ce moment-là qu'Hergé reçoit chez lui l'équipe de l'émission *Premier Plan* de Radio-Canada, animée par Judith Jasmin. Chaque semaine, la grande journaliste rencontre des personnalités de réputation internationale : écrivains, acteurs, musiciens ou politiciens. L'émission propose aussi une analyse de l'actualité et brosse le portrait de certains pays. C'est dans le cadre de la semaine Canada-Belgique que la petite équipe se retrouve dans le jardin de la maison de campagne du créateur de Tintin.

Cigarette à la main, Hergé se prête au jeu des confidences et aborde mille et un sujets : ses premières lectures, ses premiers croquis dans les marges de ses cahiers d'écolier, mais aussi ses piètres talents de dessinateur à l'école et son expérience chez les scouts. L'animatrice souligne à Hergé les vertus de Tintin, « dans ce monde aux adolescents intrépides et aux blousons de cuir[1] ». Si la censure des éditeurs américains le divertit au plus haut point (ils ne veulent ni alcool ni Noirs dans leurs albums !), son objectif principal demeure le même : plaire aux enfants. Ces derniers l'en remercient en lui expédiant un abondant courrier, dans lequel certains jeunes lecteurs perspicaces le corrigent sur des détails erronés, comme une éclipse dessinée du mauvais côté ou le doigt manquant d'un perroquet.

Judith Jasmin n'hésite pas à lui parler du peu de place qu'il accorde aux femmes dans son univers graphique. L'auteur se défend bien d'être misogyne : il dit ne vouloir tout simplement pas ridiculiser la femme dans un univers de personnages proches de la caricature. Hergé souligne au passage qu'il désamorce la violence par l'humour, donnant en exemple la trame très pacifiste de *Tintin au Tibet*.

Ce qui compte vraiment pour l'auteur, c'est de s'amuser en travaillant. Mais ce travailleur inlassable se plaît aussi dans la verte campagne ou au volant de ses voitures... du moment qu'elles ne le mènent pas trop loin. Il voyage très peu, puisque Tintin le fait à sa place et que les tribulations de son héros prennent tout son temps, un paradoxe qui fait bien l'affaire de ce sédentaire.

Dans un autre extrait de l'émission, celui-là tourné à Montréal, l'écrivain, journaliste et futur politicien Gérard Pelletier, alors rédacteur en chef du journal *La Presse* et tintinophile devant l'Éternel, parle du contenu, de la satire sociale, de l'aspect documentaire et du plaisir de lire Tintin en tant qu'adulte. Si ce clip est maladroitement inséré au montage, l'émission dans son ensemble est plutôt divertissante, d'autant plus que le ton de l'entretien est propice à la confidence.

Un petit « trucage » qui nous permet de voir Tintin suivre avec attention l'entrevue de son illustre père avec Judith Jasmin.

L'émission est diffusée à la télévision de Radio-Canada le 27 juin 1962, soit un an presque jour pour jour après son tournage. Hergé, lui, s'inspire des membres de l'équipe technique de Jasmin pour en faire des personnages de ses *Bijoux*. Dans les profils et les gestes des caméramans et perchistes qui accompagnent le « Rossignol milanais », lors de son enregistrement télévisuel des pages 30 et 31, il y a donc, en quelque sorte, un peu de nous !

Au début de l'automne, Hergé savoure des vacances à Palerme, en Sicile, lorsqu'il reçoit une lettre de Baudouin Van den Branden de Reeth, son ami et secrétaire personnel. Ce dernier commente le visionnement de l'émission de Radio-Canada dans la salle de projection des studios de Belvision, le producteur des dessins animés de Tintin :

> Ton interview dans le jardin de Céroux, tout à fait excellente ; remarquables déclarations,
> aussi, d'un réputé journaliste, Gérard Pelletier, ami de Suzanne Willems qui était dernière-
> ment dans ton bureau.
> Mais les gosses bruxellois qu'ils ont filmés et enregistrés, tudieu ! Georges, à se cacher
> en dessous des fauteuils de Belvision ! Même notre hôte disait : « Une vulgarité ainsi, ça
> est quâ même pas possible... » D'autant qu'il y avait, en image et audition contrastées,
> des petits Canadiens absolument charmants...

Il y a fort à parier que l'hôte à qui Van den Branden de Reeth fait allusion soit Raymond Leblanc, l'éditeur du *Journal Tintin*, que l'on soupçonne d'avoir pris l'accent bruxellois pour manifester sa surprise. Notre honneur est sauf : nos petits Québécois ont su bien se tenir !

Couleurs appliquées à l'écoline et traits au noir d'une case de l'album *Les Bijoux de la Castafiore* (page 31, case 1), une scène inspirée par l'équipe technique de l'émission *Premier Plan* de Radio-Canada.

Pages suivantes : Judith Jasmin et Hergé
à sa maison de campagne de Céroux-Mousty,
en juin 1961, pour le tournage
de l'émission *Premier Plan.*

Tintin à la radio

Édifice de Radio-Canada,
au début des années 1960.

Gérard Binet, réalisateur
de l'émission de Tintin à la radio.

À l'affût de nouveaux concepts pour développer des émissions de variétés originales, Radio-Canada se penche, au début de 1962, sur un projet stimulant destiné au jeune public : l'adaptation des aventures de Tintin à la radio. En France, quelques émissions de radio et une série de disques 33 tours ont été produits par la RTF ; au Québec, rien n'a encore été tenté.

Réalisateur à la société d'État depuis un an, Gérard Binet est l'initiateur du projet. Après avoir travaillé à la télévision pour des émissions dramatiques et d'affaires publiques, et des documentaires, Binet vient d'être transféré à la radio, qu'il préfère expérimentale ou avant-gardiste. Il ne tarde pas à obtenir carte blanche de ses patrons pour développer de nouveaux projets d'émissions familiales. Néanmoins, avant d'aller plus loin, il doit valider la faisabilité d'un projet aussi ambitieux. Binet relit d'abord chacun des 20 albums de Tintin parus jusque-là. Puis, persuadé du succès qu'obtiendrait un radio-feuilleton inspiré des personnages d'Hergé, il cherche un scénariste qui saura transposer l'univers du jeune reporter pour un médium complètement différent de celui de la bande dessinée.

Il trouve la perle rare lors d'une soirée amicale chez Denise Boucher, une amie d'enfance. La journaliste de 27 ans, qui deviendra plus tard l'auteure de la pièce *Les Fées ont soif*, travaille au *Nouveau Journal*, un quotidien fondé à Montréal en septembre 1961, dont l'existence se bornera à une seule année, et qui laissera sa marque par ses idées féministes et libérales. D'ailleurs, le cardinal Léger avait pris soin d'aviser personnellement la rédaction de l'organe sacrilège que ses journalistes perdraient leurs âmes à force d'écrire des articles dictés par le Malin !

À cette soirée assiste Marcel Godin, lui aussi journaliste pour le compte du scandaleux quotidien. Venu à la radio en qualité de recherchiste pour l'émission de variétés *Métro Mag*, il est maintenant rédacteur aux affaires publiques. De fil en aiguille, Gérard Binet explique à Marcel Godin son projet d'émission et lui propose d'écrire un segment de 15 minutes basé sur l'album de son choix. Godin relève le défi et promet de lui livrer les feuillets quelques jours plus tard.

Abonné aux réceptions et autres cocktails dînatoires, Gérard Binet fait bientôt une trouvaille inespérée lors d'un lancement de livre. Alors qu'il discute avec ses collègues, un rire communicatif retentit à plusieurs reprises dans la salle, un rire unique qui lui donne envie de faire connaissance sur-le-champ avec sa propriétaire. Marie Choquette est chargée de relations publiques et elle adore rire. C'est d'ailleurs ce qu'elle ne manque pas de faire quand Binet lui propose une mission aussi farfelue qu'inattendue : celle de personnifier Milou dans une éventuelle série jeunesse. Croyant d'abord à une plaisanterie, elle se trouve vite confrontée à la réalité en étant convoquée, la semaine suivante, aux studios de Radio-Canada…

De grands comédiens font des aventures radiophoniques de Tintin un véritable succès : Jean Besré, Lionel Villeneuve, André Cailloux, Paul Buissonneau, René Caron, Jean-Louis Millette, Yvan Canuel, François Rozet, Camille Ducharme, Bertrand Gagnon, Richard Martin, Edgar Fruitier, Albert Millaire… S'ajoutent à cette joyeuse bande les bruiteurs Jacques Hardy et Adrien Godu, ainsi que Marie Choquette, la voix de Milou !

Pages précédentes :

À gauche : *L'Île noire*, page 56, case 4.

À droite : Paul Buissonneau et Jean Besré personnifiant Dupont et Tintin, en 1962.

Marcel Godin se met rapidement à l'écriture puisque la direction a décidé d'inclure l'émission à sa programmation d'automne. Faisant la navette entre les albums de Tintin et sa machine à écrire, le scénariste réalise que deux pages de BD adaptées correspondent plus ou moins au format exigé, soit celui d'une émission d'un quart d'heure.

Soucieux de ne pas trahir l'esprit des aventures originales, il téléphone à Hergé à plusieurs reprises pour lui demander conseil. Hergé lui apparaît très sympathique et coopératif et extrêment curieux d'entendre ses héros personnifiés par des Québécois. Perfectionniste, il fait remarquer à Godin l'importance de terminer chaque émission par un suspense qui maintiendra l'auditeur en haleine jusqu'au prochain épisode, un peu comme il s'applique à le faire lui-même dans ses albums, à la dernière case de chaque page de droite.

Pressé par le temps, le réalisateur Binet propose à divers comédiens un rôle au sein de la distribution de l'émission. Parmi ceux-ci on compte Jean Besré, qu'il connaît bien et croise souvent dans les corridors de la maison. Amusé par le projet, enthousiaste à l'idée de prêter sa voix à un personnage si prestigieux, Besré accepte, sans conditions, de personnifier Tintin.

Lionel Villeneuve devient le capitaine Haddock et André Cailloux, le professeur Tournesol. Paul Buissonneau, qui interprète les Dupondt, est un habitué du théâtre pour enfants, avec ses tournées dans les parcs de Montréal et ses apparitions dans l'émission *La Boîte à Surprise*. D'autres comédiens de talent complètent la distribution : René Caron, Jean-Louis Millette, Yvan Canuel, François Rozet, Camille Ducharme, Bertrand Gagnon, Richard Martin, Edgar Fruitier et, à l'occasion, Albert Millaire. Aussitôt les premiers textes achevés, les principaux acteurs se réunissent pour en faire la lecture et s'accorder sur le ton qui convient à leur personnage.

Il faut user d'imagination pour créer des effets sonores propres à l'univers fantaisiste de Tintin. Les bruiteurs, Jacques Hardy et Adrien Godu, jouent de la flûte à coulisse dans une chambre d'écho pour évoquer la croissance vertigineuse de l'énorme champignon de *L'Étoile mystérieuse*. En plein studio, Paul Buissonneau est contraint de faire des clapotis dans un bassin d'eau afin de reproduire les remous émanant d'un marécage !

L'émission pourrait être enregistrée et présentée en différé, mais Gérard Binet préconise le direct afin de préserver la magie et la spontanéité du jeu des acteurs. Les répétitions ont lieu deux fois par jour ; l'ambiance est bon enfant, les comédiens s'amusent comme des petits fous.

ÉCOUTEZ
LES CÉLÈBRES AVENTURES
DE
TINTIN
À
CBF/690
ET RÉSEAU FRANÇAIS
RADIO-CANADA
Chaque samedi matin à 9 h.

La bobine de l'émission pilote est expédiée aux Studios Hergé, à Bruxelles, avant la première diffusion. «Vous ai-je trahi?» demande Binet au créateur de Tintin. Impressionné par la qualité du pilote, Hergé donne le feu vert à la diffusion de la série.

La diffusion des aventures radiophoniques de Tintin débute le lundi 15 octobre 1962, à 18 heures 15, sur les ondes de CBF 690, le réseau français de Radio-Canada. Le succès est immédiat, les enfants suivent chaque jour religieusement l'émission et le diffuseur est emballé. Rassuré, le réalisateur communique avec Hergé pour lui faire part du taux d'audience et indique, en plaisantant, que le scénariste manquera bientôt de matière première. «On aimerait bien une aventure de Tintin au Québec», ajoute Binet.

Hergé trouve l'idée plutôt bonne et ne dit pas non. Ce sera la première fois qu'est évoqué le projet d'une aventure de Tintin se déroulant en sol québécois, et ce ne sera pas la dernière...

Illustration pour l'arrière de la pochette des disques adaptés des *Aventures de Tintin et Milou*, 1961.

Tintin au cinéma

NOS Actualités

En-tête réalisé par Hergé pour une rubrique parue dans le *Soir Jeunesse* à partir d'octobre 1940.

En 1961, un premier film inspiré des aventures de Tintin prend l'affiche en Europe et fait la joie des enfants: *Tintin et le mystère de la Toison d'or*. Le long-métrage, réalisé par Jean-Jacques Vierne sur un scénario d'André Barret, met en vedette le Belge Jean-Pierre Talbot, choisi parmi des centaines de candidats. Ce dernier relève avantageusement le défi d'incarner le jeune reporter au grand écran en compagnie de Georges Wilson dans la peau du capitaine Haddock.

Ci-contre: Photos de tournage du film *Tintin et le mystère de la Toison d'or*, réalisé en 1961.

Au moment même où un distributeur envisage la possibilité de projeter le film au Québec, le gouvernement s'apprête à modifier la loi sur «les vues animées». Depuis 1928, il est en effet interdit aux enfants de moins de 16 ans d'être admis dans les salles de cinéma commerciales, peu importe la catégorie d'âge à laquelle s'adresse le film. Cette loi pour le moins restrictive fait suite à l'émotion soulevée par une des plus grandes catastrophes de l'histoire de Montréal: l'incendie du cinéma Laurier Palace, rue Sainte-Catherine, survenu l'année précédente. Ce jour-là, 78 enfants ont péri asphyxiés dans une salle bondée, non conforme aux règles de sécurité, provoquant la colère du clergé et du gouvernement libéral de Louis-Alexandre Taschereau.

Heureusement, cette loi désuète est enfin assouplie en 1961. À partir de 10 ans, les jeunes peuvent maintenant fréquenter les salles de cinéma, pour autant qu'ils constituent le public cible du film à l'affiche et que celui-ci soit projeté avant 18 heures. Toutefois, le film doit au préalable être soumis au Bureau de censure et obtenir un visa d'exploitation. Les conditions sont donc favorables à la diffusion du film de Tintin et ses amis au Québec.

Art Films est le distributeur majeur des films de la nouvelle vague, comme ceux de Truffaut ou de Godard. Fondée à la fin des années 1950 par le cinéphile André Pépin, l'entreprise achète les droits de films internationaux et traite avec les plus importantes salles de cinéma de la province.

Page précédente:
Le Lotus bleu, page 29, case 2.

Roch Demers, futur producteur, est alors journaliste pour la revue *Images* et, depuis quelques années, correspondant québécois à la Mostra de Venise. De retour au bercail après un tour du monde, il se joint au comité organisateur du nouveau Festival des films de Montréal avec la ferme intention de faire découvrir au grand public le meilleur du cinéma d'ici et d'ailleurs. Malgré les succès des films à l'affiche, la rentabilité d'Art Films n'est pas toujours au rendez-vous et les finances de la société vacillent. Fernand Cadieux, l'éminence grise du Festival des films, propose à André Pépin d'acheter l'entreprise pour la remettre sur les rails. Roch Demers devient responsable de la livraison des bobines, de la location des salles, de la publicité et du suivi avec les médias – bref, le coordonnateur de l'ensemble des opérations de distribution.

André Pépin se rend à Paris pour négocier avec les producteurs : l'Union cinématographique et l'APC (l'Alliance de production cinématographique). Il obtient les droits de distribution du film *Tintin et le mystère de la Toison d'or* pour une durée de huit ans. À Montréal, le Bureau de censure du cinéma examine une copie du film et, le 19 décembre 1962, accorde un permis d'exploitation à Art Films pour le territoire du Québec, juste à temps pour le congé des fêtes de fin d'année. De plus, Nancy Côté, la responsable des films pour enfants, octroie au long-métrage un permis spécial qui permet à ses exploitants de le présenter en salle commerciale, dans les écoles, les sous-sols des églises et autres salles paroissiales. Finalement, l'Office des communications sociales, un organisme catholique alors responsable de la classification des films selon des critères moraux, accorde une note quasi parfaite à ce « divertissement sain pour tous les publics, aux couleurs éclatantes des illustrés célèbres et dont l'action se déroule à un rythme suffisamment mouvementé ». Et comme si ça ne suffisait pas, l'organisme couronne son appréciation par cette envolée lyrique : « Les héros du film font triompher la justice et le bon droit[2]. »

Le film est officiellement lancé à la Comédie canadienne, rue Sainte-Catherine, à Montréal, le vendredi 21 décembre 1962. Les critiques sont mitigées. Pour certains, ce Tintin est anodin et ne gagnera pas de prix pour sa mise en scène ; pour d'autres, les qualités artistiques du film importent peu du moment que les jeunes y retrouvent avec plaisir leur héros préféré. Les 7 à 77 ans se précipitent bientôt dans les autres salles de la province, comme le Granada, à Sherbrooke, ou le Capitol, à Trois-Rivières, pour y voir les personnages d'Hergé.

Agréablement surpris et motivé par les recettes de ce premier film, Art Films trépigne d'impatience et achète les droits du deuxième, *Tintin et les oranges bleues*, aussitôt le tournage terminé. Le long-métrage sort en France le 18 décembre 1964 et au Québec presque simultanément, puisque le visa d'exploitation du Bureau de censure est accordé au distributeur quatre jours plus tôt. La critique est mauvaise, le long-métrage semble moins réussi que le premier, mais qu'importe : les jeunes sont ravis !

Publicité parue dans *La Patrie*, en 1962.

Salle de montage du Bureau de surveillance du cinéma, vers 1965, et fiche de l'Office des communications sociales accordant une note morale irréprochable à *Tintin et les oranges bleues*.

MAINTENANT
A L'AFFICHE
et
TOUS LES JOURS

Depuis
que
je suis
devenue
une

Grande
fille,
je suis
en amour
avec

TINTIN

TINTIN
ET LES ORANGES
BLEUES

TEL. 523-7311
HORAIRE:
semaine 10 h. - 12 h. - 2 h. - 4 h.
Dim. et fêtes 12 h. - 2 h. - 4 h.

PLAZA CANADIEN
JEAN-TALON

Publicité de *Tintin et les oranges bleues*
parue dans le journal *La Patrie* et
illustrée par le célèbre caricaturiste
Normand Hudon, en 1965.

Entre-temps, le Bureau de censure devient progressivement le Bureau de surveillance et, au grand bonheur des cinéphiles, plusieurs lois restrictives sont assouplies.

Divers concours sont organisés à l'occasion de la sortie en salles de *Tintin et les oranges bleues*. Lors de la Saint-Jean de 1965, le Granada de Sherbrooke offre des prix de présence au cours de chacune des représentations matinales : bicyclettes, ballons et raquettes de badminton. Ces journées spéciales ne font pas seulement des heureux, comme en témoignent ceux qui attendent pendant des heures, le 7 janvier 1973, au Centre culturel de l'Université de Sherbrooke, l'arrivée d'une bobine égarée à Montréal. Organisée en collaboration avec les médias régionaux, la projection de *Tintin et le mystère de la Toison d'or* est annulée, en raison de l'incompétence du livreur. Un événement malheureux dans la petite histoire des projections de Tintin au Québec !

Les deux longs-métrages et de nouveaux dessins animés de Tintin prennent l'affiche à l'auditorium Hôtel-Dieu. Les Films J. A. Lapointe, spécialisés dans la distribution de films japonais, coordonnent la programmation de l'établissement. Ils n'hésitent pas à louer *La Toison d'or* ou *Les Oranges bleues* à Art Films pour étoffer leur programmation, moyennant un partage des recettes. Pendant ce temps, André Pépin devient actionnaire du cinéma L'Élysée, situé au coin des rues Milton et Clark, à Montréal. Il organise des matinées pour enfants, un peu à la manière d'Alexandre de Sève, dont le flair commercial est légendaire.

Fiche d'examen du Bureau de surveillance du cinéma déterminant la clientèle cible et autorisant dès novembre 1964 la distribution du film *Tintin et les oranges bleues*. À noter qu'une distribution du long-métrage est de nouveau accordée en 1979, au bas de la fiche.

FICHE D'EXAMEN

TITRE: "Tintin et les Oranges Bleues

MÉTRAGE: distributeur 8820 documentation contrôle

ORIGINE ET ANNÉE:

RÉALISATION: Condroyer, Philippe (voir R.F. - 64 p. 215)

INTERPRÈTES:

THÈME: Aventures — d'après Hergé.

DATE DE L'EXAMEN: 14 DEC. 64

MODE D'EXAMEN: Décision
A) Identif.: NC LD AG FM PS PT JT   B   C   VISA
B) Préexamen: NC LD AG FM PS PT JT   C   VISA
C) Quorum: NC LD AG FM PS PT JT   REFUS   VISA

CLASSEMENTS ET COTES:

ONT	N.Y.	TEXAS	FR.	G.-B.	ALL.	NLOD	CCRT	OCNTD	GR. SH.
			VG						
IT.	GR.	JAPON	MEX.	ARG.	Sue Rod 9.71	UFO	MFB	CCC	DOCIP

DOCUMENTATION: (références précises, vol., page, etc.)
Voir C.N.C.T. du 16 au 20/11/64
224666-0.
F.A. soumis le _____ refusé _____ accepté _____ par _____

| 224264-8 | V.F. | L.M. | 35mm | 2-99 | 13-11-79 | TOUS |

CLASSIFICATION: 7 ✓ 14   18

JUSTIFICATION:

Cette adaptation cinématographique des fameuses aventures de Tintin convient à des spectateurs de 7 ans et plus.

Publicité Acceptée le 12-3-80   EU GD
L'Affiche   le 19-3-80   EU GD PS

.11.64 - tirage: 200)   Vérification:

FILM-ANNONCE ACCEPTE le 06.12.79 B&FA

Pour l'anecdote, rappelons que de Sève est à la tête de France Film et propriétaire d'un réseau de salles spécialisées dans la présentation de films et de spectacles francophones. Cofondateur de Télé-Métropole, il se spécialise dans les émissions commerciales et populaires qui lui assurent des succès immédiats. Pendant les vacances de Noël, l'homme d'affaires remplit à craquer le théâtre Saint-Denis grâce à des projections de dessins animés américains comme Yogi l'Ours, ou des courts-métrages de Disney. Bien avant que le mot «convergence» fasse la manchette, de Sève fait la promotion de ses événements cinématographiques sur les ondes de Télé-Métropole afin d'attirer les familles dans ses salles. Cette stratégie réussit à merveille et lui rapporte une petite fortune.

En général, les cinémas annoncent leurs nouveautés dans les journaux et prennent des libertés graphiques pour le moins surprenantes avec le matériel publicitaire. Il n'est pas rare de voir dans *La Presse* ou *La Patrie* le portrait approximatif d'un Tintin dessiné à main levée, annonçant *Objectif Lune* et *On a marché sur la Lune* en programme double. Dans les années 1960, ignorer la propriété intellectuelle d'une œuvre graphique est monnaie courante, puisque le cadre juridique censé protéger l'auteur n'est pas clairement établi.

Question de prolonger le plaisir, les droits de distribution des *Oranges bleues* sont obtenus de nouveau en novembre 1968, puis en mars 1980, et ceux du *Mystère de la Toison d'or* fin 1970. Entre-temps, le distributeur américain United Artists obtient du Bureau de surveillance, en 1972, le visa d'exploitation du dessin animé de Raymond Leblanc, *Tintin et le lac aux requins*. Au début des années 1980, un autre distributeur, Prima Films, achète les droits des deux films de Tintin pour la diffusion à la télévision et la production de cassettes vidéo.

Affiche officielle du film *Tintin et les oranges bleues*, destinée essentiellement au marché européen, réalisée par Hergé en 1964.

Le Journal Tintin

Hergé et Raymond Leblanc, éditeur et fondateur du *Journal Tintin*, au tournant des années 1970.

Fondé en 1946, le *Journal Tintin* est un incontournable de la presse enfantine de France et de Belgique. Il tire chaque semaine à près d'un demi-million d'exemplaires, soit un peu plus que son concurrent, le célèbre *Journal de Spirou*, propriété des Éditions Dupuis.

Publié par les Éditions du Lombard, le *Journal Tintin* est le support de plusieurs séries de bandes dessinées dont les aventures, en albums, proviennent à la fois de la maison et de l'extérieur : Chlorophylle, Spaghetti, Clifton, Chick Bill et, bien sûr, Tintin, pour lequel le journal dispose de l'exclusivité de la prépublication des albums. Hergé, très pris par la production de ses bandes dessinées destinées à Casterman, octroie, pour ainsi dire, une franchise d'exploitation du nom de son héros au Lombard – pour autant que le journal reflète les valeurs véhiculées dans ses œuvres. Évidemment, Hergé conserve un droit de regard sur l'ensemble du périodique et ne manque pas de donner ses commentaires à Marcel Dehay, le rédacteur en chef. Pour l'instant, Hergé ne s'intéresse pas à l'aspect purement commercial du *Journal Tintin* ni à sa diffusion à l'extérieur de la France et de la Belgique.

L'éditeur belge et fondateur de l'hebdomadaire, Raymond Leblanc, ne connaît encore rien du Canada avant de l'y faire distribuer. Depuis quelque temps, la librairie Tranquille, rue Sainte-Catherine à Montréal, lui commande chaque semaine plusieurs exemplaires du *Journal Tintin*. Située à proximité de la Comédie canadienne de Gratien Gélinas, la librairie Tranquille est l'un des plus importants dépositaires de la collection du Livre de poche qui, à cette époque, diffuse les fonds littéraires des grands éditeurs français. Emballé par les ventes régulières des titres de Tintin, Henri Tranquille propose à Leblanc d'en devenir le distributeur officiel au Canada. Les premiers contacts entre *La Patrie* et le *Journal Tintin* sont le fruit d'une initiative d'Yves Michaud, qui se montre prêt à traverser l'Atlantique pour rencontrer l'équipe de rédaction du *Journal Tintin*. Depuis un certain temps, Michaud est agacé de voir l'hebdomadaire belge distribué au petit bonheur par un libraire dont l'expertise en distribution est de loin inférieure à celle de son équipe. Il en profite donc pour offrir ses services au *Journal Tintin*. Il ne manque pas d'arguments avantageux : il offre à Raymond Leblanc plus de points de vente en kiosque, de la publicité gratuite dans *La Patrie* et une publication hebdomadaire de Tintin dans ses pages pour la jeunesse.

Le Québécois part aussitôt à Bruxelles pour rencontrer le grand patron du *Journal Tintin* au siège des Éditions du Lombard, à deux pas de la gare du Midi. Puisque la réunion semble prometteuse, Leblanc invite Hergé à se joindre à eux lors d'un repas gastronomique. La même semaine, un accord de distribution exclusive est conclu entre Michaud et Leblanc pour le Québec, accord auquel Hergé donne son aval. Les hommes d'affaires croient au succès que devrait connaître Tintin sur ce marché encore bien peu exploité. Depuis juillet 1962, *La Patrie* publie ses bandes dessinées dans un cahier encarté. Le 8 août 1963, elle frappe un grand coup en affichant Tintin à la une de son cahier pour la jeunesse. Les lecteurs peuvent dès lors suivre, d'une semaine à l'autre, les péripéties de *L'Oreille cassée*. Au même moment, la distribution du *Journal Tintin* est étendue à des centaines de points de ventes dans toute la province. La une de ce premier numéro souligne dignement l'événement, avec un spectaculaire « Bonjour Canada ! » Fortes de leur contrat exclusif de distribution du *Journal Tintin* et des albums de la collection, les Messageries La Patrie s'imposent sur le marché québécois. Jean Loiselle, directeur commercial de *La Patrie*, développe une véritable stratégie de mise en marché. L'hebdomadaire fait la promotion du *Journal Tintin* avec des affiches en kiosque et dans ses propres pages. Les distributeurs, qui s'ajoutent à l'équipe régulière de *La Patrie*, remplissent leurs camions d'exemplaires du *Journal Tintin* et se lancent à la conquête du Québec.

Publicité de la version québécoise du *Journal Tintin* publiée dans *La Patrie*, lors de son lancement à l'été 1963.

Ci-dessus: Publicité du *Journal Tintin* approuvée par *La Patrie*, illustrée maladroitement par un journaliste de la rédaction sans égard pour le graphisme original.

Bien que le journal soit imprimé en Belgique, des photos et des hors-textes consacrés à des artistes québécois sont parfois incorporés au contenu, rédigé à Bruxelles. C'est l'occasion pour les Belges et les Français de découvrir les têtes d'affiche de notre scène: Jean-Guy Moreau, Donald Lautrec, Renée Claude ou Gilles Vigneault. La matière de ces textes est généralement constituée d'articles déjà parus dans *La Patrie* lors des semaines précédentes. Les films sont envoyés par avion, on les ajoute aux maquettes originales et le tout est imprimé en moins de deux. Cette formule suscite l'enthousiasme des lecteurs québécois et les ventes du *Journal Tintin* progressent à toute allure. La tintinomanie fait boule de neige: les ventes d'albums publiés chez Casterman grimpent en flèche.

Le rapport de l'assemblée générale des Éditions du Lombard du 7 avril 1964, portant sur les activités de l'année 1963, fait mention du «développement des ventes au Canada grâce à notre nouveau partenaire *La Patrie*».

Publication de la première planche de *L'Oreille cassée* dans *La Patrie*, 8 août 1963.

En route
pour Bruxelles

Page précédente et photo ci-dessus : Jean Besré s'amuse avec le photographe de Radio-Canada à l'aéroport de Montréal-Dorval.

Vignette de la page 36 : *L'Étoile mystérieuse*, page 44, case 9.

Au début de l'année 1964, le réalisateur des aventures radiophoniques de Tintin suggère aux producteurs d'envoyer une délégation à Bruxelles afin de rencontrer personnellement Hergé. Il s'agit, bien sûr, d'un prétexte pour faire la promotion de l'émission dans la presse écrite. *La Patrie* donne à Radio-Canada l'assurance que les deux hebdomadaires couvriront l'événement comme il se doit. Un arrangement est aussitôt conclu avec la compagnie aérienne belge Sabena, et la date du départ, fixée au 16 mars.

Hergé et son équipe se promettent de réserver un accueil royal à Gérard Binet, Marcel Godin et Jean Besré, et ils sont enthousiastes à l'idée de rencontrer les artisans du succès outre-mer de Tintin. Le voyage durera dix jours et une suite spacieuse est louée pour notre trio dans un grand hôtel de la capitale belge.

La Patrie annonce ce voyage à Bruxelles en souhaitant que ce séjour aboutisse à un éventuel album d'Hergé dont l'action se situerait au Québec. « Il pourrait y avoir des aventures avec le FLQ, avec la Police montée et que sais-je encore », écrit le journaliste Manuel Maître. « Et tant qu'à être en Amérique, Tintin pourrait faire un tour à Cuba et à Panama, partout où ça sent la poudre. »

Besré, Binet et Godin débarquent à Bruxelles le matin du 17 mars. À leur grand étonnement, Serge Émilyanov, le responsable des communications chez Sabena et généreux partenaire de Radio-Canada dans cette opération marketing, a dépêché un photographe sur la piste d'atterrissage pour immortaliser leur arrivée. Une limousine est également mise à leur disposition.

Jean Besré, le réalisateur Gérard Binet et l'écrivain et scripteur des aventures de Tintin à la radio, Marcel Godin, à leur arrivée à Bruxelles, le 17 mars 1964.

Fidèle à ses habitudes de parfait amphitryon, Hergé s'efforce de recevoir les Québécois dans les règles de l'art. Dès le lendemain, l'auteur accueille le trio dans son studio de l'avenue Louise. S'il les invite presque chaque jour dans les plus grands restaurants de Bruxelles, il tient surtout à leur faire découvrir les lieux, les personnages et les ambiances dont il s'inspire pour créer ses bandes dessinées. Les voyageurs font aussi la connaissance de certains collaborateurs du studio : Bob De Moor, l'assistant d'Hergé aux décors et aux illustrations, et Baudouin Van den Branden de Reeth, son fidèle bras droit et secrétaire particulier.

Hergé est une véritable star dans sa ville et il n'est pas rare que des paparazzis le suivent dans ses déplacements ! Il présente partout ses nouveaux amis canadiens et le joyeux quatuor fait la tournée des pubs à la mode. Il invite aussi ses convives chez lui, rue De Fré, pour partager un excellent repas.

Jean Besré, Gérard Binet et Marcel Godin en compagnie d'Hergé dans le célèbre studio de l'avenue Louise, à Bruxelles.

Au détour d'une conversation, Marcel Godin fait part à Hergé de son intention d'acheter quelques vêtements avant la fin de son séjour. Il n'en faut pas plus pour qu'Hergé contacte le styliste de sa boutique préférée et prie son chauffeur d'aller prendre Godin à son hôtel dès le lendemain. Le créateur de Tintin est un homme élégant, toujours tiré à quatre épingles, au style plutôt classique. Marcel Godin est conduit jusqu'à un magasin très chic où le vendeur l'accueille en le saluant par son nom, lui suggère ses derniers modèles et lui offre même un verre de cognac.

Les surprises ne s'arrêtent pas là pour Godin. À son retour à l'hôtel, les bras chargés de paquets, il a le bonheur de trouver un petit mot d'Hergé dans son casier, à la réception. Il s'agit d'une invitation personnelle à un dîner en tête-à-tête, le lendemain midi. Un simple « oui » apposé sur le billet et son chauffeur viendra le chercher à midi.

L'étonnant repas se déroule dans un club sélect de la Grand-Place et donne lieu à une conversation passionnante entre les deux hommes. Hergé a prévu de rencontrer seul à seul chacun de ses invités québécois afin de mieux les connaître et de tisser des liens de camaraderie avec eux. Ils abordent une foule de sujets au cours du repas : les émissions de radio, bien sûr, mais aussi une éventuelle aventure de Tintin au Canada.

Hergé discute de religion, lui qui se définit à ce moment-là comme un athée, après avoir baigné durant toute sa jeunesse dans un catholicisme omniprésent. Il commente aussi la situation politique québécoise, même s'il n'en connaît que les grandes lignes. La question de l'indépendance du Québec est évoquée; ce sujet délicat fait sourciller Hergé. Bien qu'il comprenne le désir des Québécois de préserver leur culture, le Belge ne juge pas nécessaire de recourir à des choix aussi extrêmes pour atteindre cet objectif.

«Êtes-vous marié?» lui demande Godin, à un certain point du repas. À cette question, Hergé laisse tomber un retentissant: «Hélas... oui!» Il est avare de détails sur sa vie privée; et bien rares sont les intimes au courant de sa relation avec une de ses coloristes, Fanny Vlaminck. C'est aux fortes pressions sociales que son mariage, vieux de 32 ans, doit sa survie. Hergé préfère cultiver la discrétion et persiste à s'afficher avec sa femme Germaine, dans l'attente d'un divorce en bonne et due forme.

Pour nos trois Québécois, le voyage s'avère fort concluant sur les plans personnel et professionnel. Un reportage pour le supplément québécois du *Journal Tintin* est réalisé dans les studios du créateur. On excite l'impatience qu'éprouvent nombre de Québécois d'accueillir Hergé chez eux en coiffant l'article du titre: «Tintin viendra-t-il à Montréal?»

«Tintin viendra-t-il à Montréal?»
Article paru dans l'édition québécoise du *Journal Tintin* du 26 mai 1964.

Un des objectifs plus ou moins avoués de ce voyage est, nous l'avons dit, de persuader Hergé de situer une nouvelle aventure de Tintin dans le cadre de la Belle Province. Bien que sensible à cette idée, le principal intéressé préfère ne pas s'engager en ce sens. Pourtant, le communiqué officiel de Radio-Canada, daté du 20 mars 1964, est très clair: «Il serait possible qu'à la suite de ce voyage, le célèbre Tintin prenne le Canada comme cadre d'une de ses prochaines aventures.» On imagine aisément que tous les admirateurs étrangers que rencontrait Hergé le pressaient de choisir leur pays comme théâtre des prochaines péripéties de Tintin...

Interrogé dès son retour, Jean Besré décrit le créateur de Tintin en ces quelques mots: «Il a 57 ans, mais il en paraît 40 et n'a pas encore 20 ans dans sa tête!»

Page suivante: Communiqué de presse
de Radio-Canada du 20 mars 1964 annonçant
le voyage à Bruxelles de l'équipe de l'émission Tintin.

En septembre 1964, une nouvelle émission obtient de formidables cotes d'écoute: *Radio-Transistor*. Également réalisée par Gérard Binet, elle a pour toile de fond la musique pop et ses groupes yé-yé. Son succès justifie le déplacement du feuilleton radio de Tintin le samedi matin. Puisque la fréquence de l'émission devient hebdomadaire, sa durée passe de 15 à 30 minutes, deux émissions étant dorénavant jumelées en une seule. Les aventures de Tintin à la radio disparaissent le 12 mars 1965, au terme de 207 épisodes, avec la grande finale de *On a marché sur la Lune*.

Hergé resta en contact avec Marcel Godin des années durant. Ce dernier lui fit parvenir ses romans, entre autres *La Cruauté des faibles* et *Ce maudit soleil*, dont le créateur de Tintin reconnut les qualités. Après celle des albums de Tintin, Marcel Godin se vit confier l'adaptation radiophonique des aventures de Bob Morane.

TITRE TINTIN A RENDU VISITE A
       SON CRÉATEUR
DATE   Le samedi

HEURE 9 heures du matin

RÉALISATION

RADIO

communiqué

Pour tout renseignement:

Gaston Lebarbé,

868-3211 - poste 332

LES SERVICES D'INFORMATION, RADIO-CANADA, C.P. 6000, MONTRÉAL 2, P.Q.

RADIO-CANADA

Tintin a rendu visite à son créateur

Jean Besré, qui tient le rôle titre de l'émission *Tintin*, au réseau français de Radio-Canada, tous les samedis matin à 9 heures, a rencontré Hergé, créateur des célèbres albums de Tintin. Il était accompagné du réalisateur Gérard Binet et de Marcel Godin, collaborateur à l'adaptation des textes pour la radio.

L'entretien s'est déroulé le mercredi 18 mars au domicile de Hergé, en Belgique.

Il serait possible qu'à la suite de ce voyage, le célèbre Tintin prenne le Canada comme cadre d'une de ses prochaines aventures.

Les fidèles auditeurs de l'émission ne doivent pas craindre l'absence de leur héros. Tintin leur reviendra tous les samedis, même s'il se trouve à des milliers de milles du Canada, car ses aventures ont été enregistrées avant son départ.

(30)

20-3-64   R-150

Le Jardin
des merveilles

Pages précédentes :
À gauche : Dessin réalisé dans le cahier de poésies de Janine Speder, fille de l'animateur du théâtre de marionnettes du Péruchet, 1942.

À droite : Enfants devant la statue de Tintin au Jardin des merveilles du parc Lafontaine, vers 1962.

Le maire Jean Drapeau à son bureau, au début des années 1960.

Devant le rideau de scène se tiennent Dupond et Dupont. Les enfants, émerveillés, accueillent le professeur Tournesol par des applaudissements spontanés. Le Jardin des merveilles accueille un hôte de marque durant tout l'été : Tintin et ses amis font salle comble et les Montréalais de 7 à 77 ans se pressent pour l'applaudir.

Inauguré le 5 juillet 1957 par Claude Robillard, le directeur du Service des parcs de la Ville de Montréal, le Jardin des merveilles est un jardin zoologique aux décors inspirés de contes pour enfants, un lieu enchanteur pour les petits et les grands. Situé dans le parc Lafontaine, le terrain de 4 acres accueille 200 000 personnes durant la belle saison et, depuis peu, ouvre ses portes pendant l'hiver. Dès qu'ils franchissent l'arche du château rose, à l'entrée du Jardin, les visiteurs côtoient des dizaines d'espèces d'animaux : oursons, canards, lamas, paons… Mais ce sont les otaries qui volent la vedette, elles qui présentent, toutes les heures, un spectacle digne de Broadway.

Le maire Jean Drapeau désire offrir un théâtre permanent aux Marionnettes de Montréal, une troupe dirigée par Micheline Legendre, qui a fondé la compagnie en 1948 et qui est maintenant considérée comme une sommité dans le domaine. Impressionné par le succès des spectacles de la troupe au Jardin botanique et ailleurs dans la métropole, le maire entame, dès 1963, des pourparlers avec Micheline Legendre. La plupart du temps, leurs discussions ont lieu très tôt dans les bureaux de l'hôtel de ville, vers 7 heures, tout juste avant l'arrivée des élus municipaux. Le but est de trouver une salle adéquate pour présenter, hiver comme été, des créations originales et accessibles aux familles montréalaises.

Quelques lieux font l'objet d'une étude, dont l'atelier du producteur Roch Demers, alors directeur du Festival international du film de Montréal. Situé dans le Vieux-Montréal, l'endroit pourrait convenir, mais la présence de nappes d'eau souterraines rend impossible l'excavation du sol, nécessaire pour libérer de l'espace pour les marionnettistes.

Après moult réflexions, une solution s'impose. Enthousiasmée par le charme bucolique du parc Lafontaine, Micheline Legendre persuade la Ville de construire sur mesure un théâtre permanent de 200 places au cœur du Jardin des merveilles. Avec son bateau à vapeur, ses randonnées en canot, son petit train L'Ouragan et ses marchands de crème glacée, le parc est un rendez-vous dominical incontournable, tant pour les familles montréalaises que pour les touristes.

Gouache réalisée par Roland Proulx pour élaborer la maquette du théâtre de marionnettes construit spécialement pour le spectacle de Tintin.

Confiant, Jean Dupire, le nouveau responsable du Service des parcs de la Ville, présente à Micheline Legendre un architecte d'origine tchèque disposé à recevoir les directives nécessaires à l'élaboration des plans. Roland Proulx, un créateur en arts visuels, est l'artiste concepteur attitré de la Ville. Son mandat consiste à imaginer un théâtre attrayant et coloré, s'intégrant harmonieusement aux éléments des décors du Jardin des merveilles.

La directrice des Marionnettes de Montréal est une amoureuse de l'univers d'Hergé et elle est sensible au succès des aventures de Tintin auprès des jeunes. Elle choisit d'adapter pour la scène son album préféré, *Le Temple du soleil*, persuadée que le médium rendra justice aux couleurs vives de cette histoire mettant en scène des Incas aux costumes flamboyants. Mais il faut obtenir les droits d'utilisation des personnages, une démarche délicate et compliquée. Elle contacte Yves Michaud, du journal *La Patrie*, au printemps 1964.

Représentant des Éditions Casterman au Québec, le journal *La Patrie* prétend alors être le détenteur des droits d'utilisation de l'univers de Tintin pour toute production dérivée des albums. Cette affirmation peut paraître a priori surprenante, mais le lien de confiance unissant le *Journal Tintin* et son distributeur québécois est tel que plusieurs ententes commerciales ne sont que verbales, et conclues par de simples poignées de mains. Bien qu'il promette de négocier personnellement l'entente avec l'éditeur ou les Studios Hergé lors d'un prochain voyage à Bruxelles, Yves Michaud délègue rapidement le dossier à Jean Loiselle, son directeur commercial, et le presse d'entamer les démarches nécessaires avant l'été.

Page précédente : Couverture d'un cahier à colorier destiné aux visiteurs du Jardin des merveilles.

Les ouvriers de la Ville n'ont que quelques jours pour construire le théâtre de marionnettes.

Le 31 juillet 1964, trois jours après la première du spectacle, Micheline Legendre obtient par écrit la permission d'utiliser tous les personnages du *Temple du soleil*. L'entente, dont les termes sont d'une simplicité surprenante au regard des contrats actuels, se résume ainsi : *La Patrie* percevra 5 % du coût des billets d'entrée, établi à 25 ¢, et la somme à percevoir lui sera remise en un seul versement, à la fin de l'été.

Enfin, l'équipe de création retrousse ses manches et l'enregistrement des voix du spectacle commence. Les fils du célèbre Gratien Gélinas, Alain, Pierre et Pascal, prêtent leurs voix aux personnages. Pascal fait Tintin ; Alain, Tournesol ; Pierre, les Dupondt. Sylvie Gélinas, leur sœur, qui a présenté ses trois frères quelques mois plus tôt à Micheline Legendre, devient Zorrino. Son mari, Bernard Sicotte, est embauché pour personnifier le capitaine Haddock.

La rémunération de chacun varie de 25 à 50 dollars pour l'ensemble du travail, enregistré de nuit dans un studio de Radio-Canada, après la diffusion des émissions régulières. Encore une fois, Jean Drapeau intervient personnellement et s'assure auprès de la radio d'État qu'un studio adéquat soit mis à la disposition de Micheline Legendre et de ses jeunes comédiens. Entre-temps, dans l'atelier de sa résidence, Micheline Legendre s'attaque à l'élément essentiel du spectacle : la fabrication des 53 marionnettes et des 14 décors.

Un problème de taille surgit, à quelques jours de la première représentation : il y a un vice de conception dans les plans du théâtre. Le plancher de la scène est trop bas et la configuration des lieux ne permet pas aux marionnettistes de travailler convenablement ; un ajustement des fils des marionnettes s'impose. Micheline Legendre demande à Maurice Gauvin, l'ingénieur de la Ville qui a supervisé la construction du théâtre, de reconstruire une partie de la structure pour permettre une manipulation adéquate des personnages.

Micheline Legendre supervise le travail de création du théâtre à venir.

Page précédente : Le parc Lafontaine et son Jardin des merveilles au début des années 1960. De gauche à droite et de haut en bas : le bateau à vapeur, l'arche de Noé, le spectacle des otaries et la grosse baleine, dans laquelle se trouve un aquarium.

Ci-dessus : Les versions française et anglaise des feuillets publicitaires des spectacles de Tintin. Étrangement, le titre français est erroné, car il est la traduction intégrale de *Prisoners of the Sun*.

L'équipe des Marionnettes de Montréal est liée par contrat avec la Ville, et les artistes sont rémunérés chaque semaine. En tout, une dizaine de techniciens et de manipulateurs participent au spectacle. *Le Temple du soleil* est produit par Planters Peanuts Limited, un commanditaire qui voit grand et qui a monté une campagne promotionnelle à la hauteur de ses ambitions : affiches publicitaires dans les parcs de Montréal, dans les églises, les YMCA et les épiceries de quartier. Bien qu'un projet de mascotte distribuant des sacs d'arachides aux visiteurs soit envisagé, l'entreprise décide finalement de miser sur l'apparition d'une marionnette à l'effigie de monsieur Peanuts, au tout début du spectacle.

Le commanditaire projette aussi de faire venir au Jardin des merveilles, deux fois par semaine, des enfants de l'hôpital des Shriners, dans le cadre d'un grand pique-nique. Absorbée par les modifications apportées in extremis au théâtre et par les derniers préparatifs du spectacle, Micheline Legendre ne remarque pas l'erreur qui se glisse dans les feuillets publicitaires distribués sur le site. La Planters Peanuts Limited a littéralement traduit *Prisoners of the Sun* par *Les Prisonniers du soleil* ! Quelques tintinophiles en font la remarque aux responsables du Jardin des merveilles, qui réajustent le tir une fois écoulé le premier tirage des feuillets.

Ci-contre : Invitation officielle du maire Jean Drapeau à la première du spectacle de *Tintin et le Temple du soleil*, le 28 juillet 1964. L'illustration n'est évidemment pas de la main d'Hergé.

C'est enfin le jour J. Le 28 juillet 1964, à 15 heures, Jean Drapeau et les responsables du Service des parcs, des loisirs et de la culture de la Ville de Montréal assistent à la première du spectacle *Tintin et le Temple du soleil* en compagnie d'invités prestigieux et de quelque 200 enfants. Des médias se déplacent pour l'occasion et les critiques sont unanimes: Micheline Legendre a jeté les premiers jalons d'une nouvelle tradition. *Le Petit Journal*, *La Presse* et *La Patrie* saluent unanimement l'initiative du Service des parcs. Yves Michaud est enchanté du résultat, et sa fille Anne fait la une des pages culturelles, posant fièrement avec le professeur Tournesol et la réalisatrice du spectacle. Lors de la réception suivant la première, Mme Drapeau s'approche de Micheline Legendre et lui demande candidement si elle est heureuse. Sourire aux lèvres, elle se contente de lui répondre: «Au fond, c'est tout ce qui compte!»

Le professionnalisme des artistes est sans faille: un jour d'orage, une fillette se présente toute seule au théâtre. Qu'à cela ne tienne: elle a droit à une représentation privée dont elle se souviendra longtemps... Une autre délicieuse anecdote concerne un bébé éléphant dont la cage est voisine du théâtre de marionnettes. Arraché trop tôt à sa mère, la bête pleure pendant des nuits entières, jusqu'à ce qu'un gardien du zoo, un beau soir, décide de coucher près de lui. Le petit pachyderme, rassuré, se colle au gardien pour mieux s'endormir; ils dormiront ensemble une bonne partie de l'été. Ces petites histoires reflètent bien l'esprit de camaraderie qui règne sur le site, où chacun prend plaisir à côtoyer ses semblables... et même ses dissemblables.

À la fin de l'été 1964, les organisateurs du spectacle peuvent dresser un bilan des plus positifs: 365 représentations dans une salle perpétuellement pleine à craquer, 15 000 jeunes émerveillés. Financièrement, l'expérience est concluante et génère des recettes au guichet de plus de 15 000 dollars — dont une somme de 185,74 dollars est versée, rubis sur l'ongle, à *La Patrie*.

Tintin au Tibet est présenté l'année suivante, puis *Le Trésor de Rackham le Rouge* en 1966. Les Marionnettes de Montréal alternent ensuite la présentation des 3 spectacles pendant 7 autres années, pour donner au total plus de 1000 représentations.

Si plus rien ne subsiste de ce lieu enchanteur qu'était le Jardin des merveilles, des milliers de Québécois conservent encore aujourd'hui précieusement le souvenir magique des merveilleuses marionnettes de Micheline Legendre et des aventures de Tintin et de ses amis, au cœur du parc Lafontaine.

Des enfants font la queue à la billetterie du théâtre pour assister à une représentation du spectacle.

Le Salon du livre de Montréal

Bien que certains aient déjà tenté d'organiser des expositions littéraires à l'hôtel Mont-Royal en 1920, le premier véritable Salon du livre montréalais se déroule en 1951, à l'hôtel Windsor, sous l'égide de la Société d'études et de conférences de Montréal. L'événement s'adresse essentiellement à l'élite intellectuelle et affiche un cérémonial digne d'un club privé. Quelques stands parsemés dans une grande salle de réception permettent les échanges entre les écrivains et les visiteurs. Sans surprise, la littérature pour la jeunesse brille par son absence et les heures d'ouverture sont plutôt restreintes. Qu'importe, ce Salon est suffisamment prometteur pour que l'expérience soit reconduite en 1958, à l'hôtel Reine Elizabeth, de concert avec l'Association des éditeurs canadiens.

En 1962, J.-Z. Léon Patenaude prend les rênes du Salon du livre de Montréal, déterminé à en faire la plus importante manifestation littéraire francophone d'Amérique. Bien connu des intervenants du milieu de la lecture et de la politique municipale, Patenaude est impliqué dans une dizaine d'associations du secteur de l'édition et préside plusieurs conseils d'administration. Le Salon du livre est organisé conjointement par l'Union internationale des éditeurs de langue française et le Conseil supérieur du livre.

J.-Z. Léon Patenaude, directeur du Salon du livre de Montréal, à son bureau avec les lignes téléphoniques de tous les organismes avec lesquels il est lié.

Fondé en 1961, le Conseil supérieur du livre est un organisme à but non lucratif qui résulte de l'association d'organismes professionnels variés : l'Association des éditeurs canadiens, l'Association des libraires du Québec, le Cercle des femmes journalistes, les Jeunesses littéraires du Québec et plusieurs autres. Son but est de promouvoir la diffusion du livre francophone et de faciliter la participation des éditeurs du Québec aux foires et expositions internationales.

J.-Z. Léon Patenaude en est le directeur général et s'engage, par le biais du Salon du livre, à toucher un très large public, généralement peu sensibilisé à la lecture, afin de servir les intérêts de l'industrie du livre et de rendre la culture accessible à tous, sans restriction.

Pages précédentes : Photos des spectacles
Tintin et le Temple du soleil (été 1964)
et *Tintin au Tibet* (été 1965).

Page 53 : *Tintin au Tibet*, page 40, case 8.

Page 54 : *Tintin au Tibet*, page 57, case 1.

À l'occasion de la
SEMAINE DES BIBLIOTHÈQUES CANADIENNES
(du 8 au 13 avril 1965)

7e SALON DU LIVRE DE MONTRÉAL-1965

405, RUE SAINT-DENIS, MONTRÉAL 18, CANADA — TÉLÉPHONE: 845-5631

du jeudi 8 au mardi 13 avril 1965 inclusivement — Palais du Commerce
sous les auspices du Conseil Supérieur du Livre et le haut patronage
de l'Union Internationale des Éditeurs de langue française

La conjoncture est propice à la naissance d'un tel événement: la littérature québécoise est en effervescence, pour ne pas dire en plein boum. Le ministère des Affaires culturelles dénombre 172 livres francophones publiés en 1962, dont la moitié aux Éditions de l'homme et aux Éditions du Jour. Le nombre passe à 277 l'année suivante et à 325 en 1964. Une cinquantaine d'éditeurs se partagent les rayons des librairies, et ces dernières poussent comme des champignons. C'est par exemple à cette époque qu'on voit apparaître, dans Côte-des-Neiges, la toute première boutique de Renaud-Bray, aujourd'hui le plus grand réseau québécois de librairies.

C'est dans ce contexte stimulant que se prépare le septième Salon du livre de Montréal, du 8 au 13 avril 1965, au Palais du commerce, là où s'élève aujourd'hui la Grande Bibliothèque. L'événement souligne, à sa façon, l'Année de la coopération internationale et la Semaine des bibliothèques canadiennes.

Outre le directeur J.-Z. Léon Patenaude, l'éditeur Claude Hurtubise assure la présidence, au côté de l'*ex officio* Pierre Tisseyre. Le communiqué officiel ne laisse planer aucun doute sur l'envergure que ses organisateurs veulent donner à l'opération: «Les Canadiens français ressentent une légitime fierté de ce que, durant quelques jours, Montréal devient un des principaux centres de l'édition de langue française[3].»

Le comité organisateur doit relever ce défi avec un budget restreint, incluant une subvention de 22 500 dollars que les fonds publics lui accordent depuis trois ans. Le Salon perçoit également plus de 20 000 dollars versés pour la location des stands et environ 5000 dollars en publicité et autres échanges de visibilité. Avec ce budget d'un peu plus de 47 000 dollars, l'organisateur espère rentabiliser l'ensemble des activités et, qui sait, peut-être dégager quelques dollars de profits.

Heureusement, et il s'agit d'une première, tous les stands sont loués cinq semaines avant l'événement. Trois cents exposants provenant de sept pays répondent présent. Le plus grand stand est celui du Syndicat des éditeurs belges, qui regroupe plus de 41 maisons.

Radio-Canada est partenaire de l'événement et présente sur place plusieurs émissions de radio en direct: *Partage du jour*, *La Revue des arts*, *Chez Miville*, *Métro-Magazine*. Plusieurs auteurs sont invités aux émissions de télévision de la chaîne publique, comme *Aujourd'hui*, présentée quotidiennement, ou la très populaire *Jeunesse oblige*, diffusée les soirs de semaine, à 18 heures.

Comme le journal *La Patrie* se veut un partenaire majeur du Salon du livre de Montréal, c'est tout naturellement vers Jean Loiselle, le directeur commercial de l'hebdomadaire, que se tourne J.-Z. Léon Patenaude pour trouver son directeur de la promotion et des ventes du Salon.

Cette année-là, le point de mire du Salon est incontestablement Hergé, dont le premier séjour en sol canadien est annoncé à grands renforts de publicité. Patenaude peut bénir le ciel d'avoir le privilège de recevoir le père de Tintin à Montréal. Les négociations ne furent pas de tout repos et commencèrent bien avant la tenue de cette septième édition…

Objectif Hergé

Dès le début des années 1960, J.-Z. Léon Patenaude courtise le Syndicat des éditeurs belges et le distributeur du film *Le Mystère de la Toison d'or*. Son objectif est d'inviter Jean-Pierre Talbot, le comédien incarnant Tintin, à l'édition de 1963 du Salon du livre de Montréal et de constituer autour de lui un événement pour toute la famille. Tintin porté au cinéma obtient beaucoup de succès au Québec, et la présence de Talbot ferait converger le public et les médias au Salon. Pour mettre toutes les chances de son côté, il approche également Louis-Robert Casterman, l'éditeur des albums de Tintin. Malheureusement, Talbot n'est pas disponible, car le tournage de *Tintin et les oranges bleues* doit commencer tout juste après la cinquième édition du Salon du livre et le comédien est absorbé par les répétitions et les préparatifs de son second film.

Patenaude ose alors l'improbable, voire l'impossible, et se propose d'inviter Hergé lui-même. Méthodique, il rencontre d'abord Louis-Robert Casterman lors des foires du livre de Paris et de Francfort. Les entretiens, bien que conviviaux, demeurent toutefois sans suite. Patenaude ronge son frein quelque temps avant de revenir à la charge. Cette fois, c'est par une simple lettre qu'il réitère à Casterman son ardent désir de recevoir Hergé dans la métropole, au printemps 1964.

Comme la tenue du Salon approche et qu'il n'a aucune nouvelle d'Hergé, Patenaude perd patience. Homme reconnu pour son tempérament bouillant, il faut s'étonner qu'il n'ait pas perdu son calme bien plus tôt. Il accepte, le 18 décembre 1963, une alléchante proposition des Éditions Marabout : Henri Vernes, le père de Bob Morane, sera l'invité vedette de la prochaine édition de la grande fête du livre. Le populaire romancier ne pose à sa visite qu'une seule condition, révélatrice d'une rivalité féroce : Hergé ne doit pas être présent à ce salon !

Dès le lendemain, Jean Loiselle écrit à Raymond Leblanc, éditeur du *Journal Tintin* et directeur général des Éditions du Lombard, pour lui faire part de la nouvelle. « Puisque Hergé a été invité à trois reprises par le Salon du livre mais s'est toujours décommandé à la dernière minute, ce sera finalement Henri Vernes, l'auteur de votre concurrent Marabout, l'invité vedette du prochain Salon[4] »

Par la même occasion, Jean Loiselle suggère à Raymond Leblanc d'essayer de convaincre Hergé de participer au Salon de 1965, et fait subtilement remarquer à son correspondant que les éditeurs acceptant d'envoyer leurs auteurs à Montréal prennent en charge l'intégralité des frais de voyage, de séjour ainsi que les dépenses publicitaires.

Enfin, il l'informe qu'Yves Michaud apprécierait la venue d'Hergé au Salon du livre de Montréal, mais à la condition que son éditeur absorbe 50 % des dépenses du voyage... Ces mots sont reçus comme autant de gifles par le PDG du Lombard. Très agacé, Raymond Leblanc rend compte de la situation à Hergé et lui remet la fameuse lettre. Ce dernier, furieux, s'empresse de répondre à Loiselle, dans une lettre datée du 21 janvier 1964. Hergé veut bien être de bonne foi, mais il ne peut laisser passer les allégations contenues dans la lettre de Loiselle :

> Il est absolument FAUX que, invité à Montréal, je me serais à trois reprises décommandé, il aurait fallu que j'eusse préalablement accepté quelque invitation que ce fût : or, je l'affirme, cela n'a jamais été le cas.
>
> Que mon prétendu désistement se serait produit à trois reprises et à la dernière minute ajoute un caractère particulièrement désobligeant à l'imputation dont je suis l'objet, et m'oblige à protester contre elle avec d'autant plus de vigueur.
>
> Votre lettre mentionne que ce serait par les Éditions Casterman qu'on a toujours essayé d'obtenir les services de M. Hergé. Je réponds :
>
> 1) que le mot service me paraît spécialement mal choisi...
>
> 2) que, information prise auprès de Casterman, ces derniers n'ont JAMAIS joué le rôle d'intermédiaires entre le Salon du livre de Montréal et moi-même.
>
> Quant à l'attitude (disons : peu confraternelle) qui aurait été celle de l'auteur de Bob Morane, vous n'en êtes évidemment pas responsable. Je constate néanmoins que, avant même de connaître ma réponse à l'invitation verbale que vous m'avez transmise de leur part, les organisateurs du Salon du livre de Montréal se sont inclinés devant l'ultimatum de M. Henri Vernes. Si telle a bien été la manière d'agir, je vous laisse le soin de juger de l'élégance du procédé.
>
> Au cas où vous auriez des éclaircissements à m'apporter sur ce qui précède, je les lirais avec intérêt[5].

Embarrassé, Jean Loiselle ne répond à Hergé que huit mois plus tard, soit le 11 septembre 1964. Il s'excuse d'abord pour ce long délai et admet qu'il a attendu de son supérieur, J.-Z. Léon Patenaude, de plus amples explications sur ce malentendu. La vérité, c'est que Patenaude n'avait guère apprécié la tournure prise par sa correspondance avec Casterman et Hergé, et n'avait pas manqué de le faire savoir à Loiselle. Catastrophé de voir qu'il serait privé de la présence d'Hergé à cause de maladresses épistolaires, il avait même envisagé de partir séance tenante à Bruxelles pour s'expliquer de vive voix avec Raymond Leblanc et son équipe.

Repentant, Jean Loiselle s'excuse auprès d'Hergé d'avoir recouru au mot «service» pour décrire sa participation à l'événement et explique cette maladresse par la manière expéditive avec laquelle il a l'habitude de rédiger sa correspondance. Il se livre à un exposé des négociations intervenues au fil des mois précédents pour organiser la visite d'Hergé à Montréal, afin de bien lui montrer l'échec de ses démarches. Si Loiselle admet volontiers le manque de délicatesse d'Henri Vernes dans ce dossier, il fait tout de même remarquer à Hergé que cette attitude a rapporté gros à son «confrère». Pour le lui prouver, il joint à son courrier un abondant dossier de presse relatant la venue de Vernes à Montréal.

Enfin, il précise que les organisateurs du Salon n'avaient d'autre choix que d'accepter l'ultimatum de l'auteur de Bob Morane, en raison du temps qui pressait et des échéances que les organisateurs devaient respecter. De plus, ni Hergé ni son entourage n'avaient semblé manifester le moindre intérêt pour ce déplacement au Canada.

Il conclut sa lettre en assurant Hergé que ces démêlés ne diminuaient en rien l'estime qu'il lui portait, espérant que ce sentiment soit réciproque. Le suspense demeure entier: comment Hergé réagira-t-il au *mea culpa* de Loiselle?

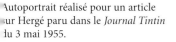
Autoportrait réalisé pour un article sur Hergé paru dans le *Journal Tintin* du 3 mai 1955.

Bisbille au Journal Tintin

L'année 1964 est une année charnière pour Hergé et son association avec le *Journal Tintin*. L'hebdomadaire, qui ne produit plus qu'une seule édition pour la France et la Belgique, tire à trois fois plus d'exemplaires que *Spirou*, mais subit une diminution importante de ses ventes en kiosque. Depuis 1956, Hergé n'exerce presque plus son rôle de directeur artistique. Il passe la majeure partie de son temps dans ses studios, à travailler sur ses albums.

Il ne reconnaît plus « son » journal et fait des reproches à Raymond Leblanc : les planches lui semblent bâclées et les scénarios, trop violents. En fait, son jugement global est impitoyable : l'ensemble lui paraît médiocre. Le conflit entre les deux hommes semble inextricable, chacun demeurant sur ses positions. Leblanc a l'impression que le lien de confiance est brisé et se sent trahi. Hergé monte le ton et qualifie le journal de « torchon ». L'escalade se poursuit. La confrontation entre les deux hommes prend les allures et le ton d'une véritable guerre.

Une suggestion fait office de cessez-le-feu : l'éditeur prend Hergé de court en lui proposant d'assurer au pied levé le poste de rédacteur en chef du journal, laissé vacant par Marcel Dehaye. Hergé accepte, non sans être parfaitement conscient de la tâche colossale qui l'attend. Il compte reprendre la direction du journal en novembre 1964 et se promet de rendre à l'hebdomadaire son lustre d'autrefois, tout en lui insufflant un esprit aussi actuel que possible.

Au même moment, Jean Loiselle écrit à Raymond Leblanc. Toujours aussi déterminé à recevoir Hergé à Montréal, il joint à son envoi la revue de presse relative à la venue d'Henri Vernes au Salon du livre ainsi qu'une copie de sa lettre, adressée au principal intéressé. Il invite Leblanc à rencontrer J.-Z. Léon Patenaude, qui sera présent à la Foire du livre de Francfort. Un brin sarcastique, il ajoute qu'il n'aurait pas employé le même ton dans sa lettre du 19 décembre 1963 s'il avait su qu'Hergé la lirait !

Édition québécoise du *Journal Tintin* du 14 janvier 1964.

Enfin, une réponse !

Le 8 octobre 1964, Louis-Robert Casterman écrit à J.-Z. Léon Patenaude pour lui confirmer qu'Hergé accepte son invitation au prochain Salon du livre, en avril suivant. Hergé désire profiter du poste qu'il a réintégré au *Journal Tintin* pour explorer le marché canadien et mieux comprendre les rouages de la distribution à l'extérieur de la Belgique. Le conflit autour de la direction artistique de *Tintin* étant maintenant chose du passé, Casterman et Leblanc s'entendent sur les conditions de la promotion conjointe dont bénéficieront les albums Tintin et le journal publié par Le Lombard.

Casterman précise à Patenaude qu'il accompagnera lui-même l'auteur et l'assure que les accords seront rapidement conclus. La guerre froide entre Bruxelles et Montréal a été évitée, et la réconciliation a lieu à Francfort, lors d'un dîner amical. Patenaude a su jouer habilement ses cartes et trouver les mots justes pour convaincre Hergé et son équipe qu'un accueil triomphal les attendait à Montréal. S'ensuit alors une correspondance dynamique entre les divers intervenants engagés dans le projet…

16 novembre 1964

J.-Z. Léon Patenaude semble euphorique dans la lettre qu'il écrit à Louis-Robert Casterman après leur entente verbale de Francfort. Au nom du comité organisateur du Salon, il le remercie d'accepter une invitation attendue depuis si longtemps. Cette bonne nouvelle, ajoute-t-il, réjouira des milliers d'enfants.

Il a déjà communiqué la primeur à Jean Loiselle et à Raymond Beaulé, le directeur général de la maison Casterman à Montréal. Ensemble, ils forment un comité pour établir le programme de la visite d'Hergé et entreprennent des démarches pour le faire apparaître dans des émissions de télévision et de radio.

Patenaude ajoute à sa lettre un plan du Salon du livre avec l'indication de l'espace réservé à Hergé pour ses séances de signatures.

27 novembre 1964

Jack De Kezel, le directeur commercial du Lombard et le bras droit de Raymond Leblanc, confirme à Jean Loiselle la promesse d'Hergé de venir à Montréal. Il lui suggère de contacter Raymond Beaulé, à Montréal, pour établir avec lui le programme du séjour et des activités d'Hergé. Bien entendu, ce dernier pourra, s'il le désire, visiter la ville et consacrer quelques jours à des loisirs personnels. Il confirme la location d'un stand au Salon pour les Éditions du Lombard et espère, le moment venu, accompagner Hergé à Montréal.

De Kezel invite Loiselle à préparer avec soin la venue de l'auteur, en insérant notamment des annonces dans de grands quotidiens montréalais, et l'exhorte à tout mettre en œuvre afin que ce voyage promotionnel soit le plus profitable possible pour l'édition canadienne du *Journal Tintin*.

7 décembre 1964

J. De Raeymeker, le directeur du Syndicat des éditeurs belges, écrit à J.-Z. Léon Patenaude pour préciser ses requêtes à propos de la disposition des stands et des autres espaces prévus pour l'événement. Comme il est maintenant assuré qu'Hergé sera présent au Salon, De Raeymeker ajoute que ce dernier sera peut-être accompagné de Louis-Robert Casterman. Enfin, il remercie Patenaude pour les 11 stands gracieusement offerts par le Salon dans le cadre de leur accord.

10 décembre 1964

Après avoir reçu le plan de la disposition des stands, Casterman répond à Patenaude en insistant pour que le stand « Attraction », prévu pour les séances de signatures d'Hergé, soit indépendant de ceux du journal et des albums Tintin. Louis-Robert Casterman doit assurer l'autonomie de ses différentes collections et présenter adéquatement les albums de son fonds, ses ouvrages religieux et autres. Il invite le directeur du Salon du livre à s'entendre à ce sujet avec Raymond Beaulé pour s'assurer que la disposition des stands soit conforme aux attentes de la maison et de l'auteur.

Tout est donc prêt pour recevoir honorablement le créateur de bandes dessinées le plus populaire au Québec – pour ne pas dire au monde. Moins de quatre mois les séparent de l'arrivée d'Hergé et toutes les parties impliquées s'affairent à préparer sa venue.

CASTERMAN

SOCIÉTÉ ANONYME

ÉDITEURS

TOURNAI * BELGIQUE

TOURNAI, LE **8 octobre 1964.**
28, rue des Sœurs Noires

📞 : (069) 241.41 (4 lignes)

⚡ : CASTEREDIM, Tournai

DÉP. : -EDITION-
LRC/ND

Monsieur J.-Z.-Léon PATENAUDE

3405, rue St-Denis

MONTREAL.18.

C A N A D A

Cher Monsieur,

J'espère que votre voyage en Europe s'est achevé à votre entière satisfaction et votre retour s'est bien effectué.

J'ai le plaisir de vous faire savoir qu'Hergé m'a fait part de son accord à la suite de votre invitation concernant le Salon du Livre 1965 et compte tenu du petit calendrier approximatif dont nous avions discuté à Francfort.

J'ai en principe l'intention, en raison de cette circonstance, de venir à nouveau.

Nous reviendrons donc sur cette affaire mais je tena à vous faire part sans tarder de l'heureuse conclusion du projet.

Je vous prie d'agréer, cher Monsieur, l'expression mes sentiments les meilleurs.

CASTERMAN S. A.
ÉDITEURS

Directeur-Gérant
Louis-Robert CASTERMAN.

SIÈGE SOCIAL : 28, RUE DES SŒURS NOIRES, TOURNAI / 📞 (RÉSEAU 069) **241.41** (4 LIGNES) / R. C. TOURNAI 45 / C.C.P. **219.47**
DÉPOSITAIRE POUR LA FRANCE : MAISON CASTERMAN, PARIS, 66, RUE BONAPARTE (6e). / 📞 DAN. **97.31** / C. C. P. PARIS 676.68

30 mars 1965

Paul Saint-Cyr, le directeur de la Société des libraires de Québec, publie un communiqué annonçant la venue d'Hergé dans la Vieille Capitale le 12 avril 1965. Il invite les photographes et les journalistes à se déplacer d'abord à l'école secondaire Joseph-François-Perrault, chemin Sainte-Foy, entre 16 h et 17 h 30. Une conférence de presse est prévue ensuite, à la librairie Garneau, à 18 h.

La Patrie, important partenaire du Salon du livre et de la visite d'Hergé au Québec, réserve au prestigieux invité, peu avant son arrivée, la une du cahier *Magazine*, un supplément inséré dans l'hebdomadaire. Des publicités annoncent la visite d'Hergé au Palais du commerce et précisent les heures de signatures du maître.

Depuis quelques semaines, les dernières livraisons du *Journal Tintin* sont retenues à New York, conséquence des moyens de pression employés par les débardeurs des ports du Saint-Laurent, fermement résolus à obtenir une hausse de salaire et une nouvelle convention collective. Les Messageries La Patrie parviennent tout de même à récupérer leurs exemplaires des derniers numéros du *Journal*, de telle sorte que les kiosques reçoivent l'hebdomadaire juste à temps pour la venue de son rédacteur en chef au Québec. Hergé trouvera donc avec plaisir son journal partout sur son passage – au grand soulagement d'Yves Michaud.

Le journal *La Presse*, de son côté, publie chaque semaine une planche du *Trésor de Rackham le Rouge*. De plus, le quotidien dépêche à l'aéroport un journaliste et un photographe pour accueillir le créateur de Tintin avec tous les égards dus à un personnage de haut rang.

Louis-Robert Casterman transmet à Hergé le calendrier des activités prévues lors de son séjour en sol québécois. Surpris par l'horaire bien rempli qu'on lui propose, Hergé exprime avec humour sa crainte d'en revenir épuisé : « … quel embarras, pour vous, si l'on devait me ramener au pays sur une civière ! Le plus délicat, de ma part, serait encore de tomber en terre conquise et d'y laisser reposer mes os – qui en auront bien besoin… »

Le carnet de voyage d'Hergé

6 au 11 avril, Montréal

Pages précédentes :
À droite : *L'Affaire Tournesol*,
page 41, case 6.

À gauche : Aéroport de
Montréal-Dorval, vers 1965.

Un Boeing 707 traverse l'Atlantique avec, à son bord, un passager de prestige. Hergé s'apprête à fouler le sol nord-américain pour la première fois et les promoteurs de ce voyage lui préparent un accueil princier à l'aéroport de Dorval. Quelques photographes sont présents sur la piste et les organisateurs s'impatientent. Le créateur de Tintin, très souriant, est l'un des derniers à descendre de l'avion, accompagné de son éditeur Louis-Robert Casterman. Après les poignées de mains protocolaires et les photos officielles, Jean Besré, la voix québécoise de Tintin, souhaite la bienvenue à celui qui l'a si bien reçu à Bruxelles, moins d'un an plus tôt. D'autres se joignent au groupe et prennent la pose devant l'avion : Raymond Beaulé, le représentant des Éditions Casterman au Québec ; Marcel Godin, le scénariste des aventures radiophoniques de Tintin ; Louis Lefort, le représentant de la chambre de commerce belgo-luxembourgeoise ; et Serge Émilyanov, de la compagnie aérienne Sabena, qui a orchestré le déplacement outre-mer d'Hergé. À leurs côtés, se tient le constable Massicotte, de la Gendarmerie royale du Canada – une touche d'exotisme certainement appréciée par le visiteur.

Une surprise à quatre pattes étonne Hergé : il s'agit d'un fox-terrier, plus gros que Milou, qui se joint au groupe et pose gracieusement pour le photographe Roger Lamoureux, dépêché sur place par *Le Petit Journal*.

À quelques mètres de l'avion se gare une luxueuse limousine à bord de laquelle le groupe prend place pour se rendre au salon VIP de la Sabena. Un vin d'honneur est servi et Hergé y retrouve d'autres amis québécois : le réalisateur Gérard Binet et Yves Michaud, le rédacteur en chef de *La Patrie* et distributeur du *Journal Tintin*.

L'ambiance est décontractée et propice à la rigolade. Tous se prêtent de bonne grâce au jeu des photographes et prennent la pose en arborant des masques pour enfants représentant les personnages d'Hergé. Un journaliste de *La Presse* bombarde gentiment de questions l'invité du jour : « Comment est né Tintin ? » « Comment portez-vous le poids de toute votre fortune ? » « Tintin vivra-t-il une aventure au Canada[6] ? »

Familier de ce genre de questions, Hergé répond avec humour et diplomatie. S'il n'écarte pas l'idée de faire voyager son héros au Québec, il ne connaît pour l'instant de ce pays que les pistes d'atterrissage, une entrée en matière bien légère. Hermine Beauregard, reporter au *Petit Journal*, lance quelques questions... moins diplomates : « Pourquoi les femmes sont-elles absentes de la vie aventureuse de Tintin ? » « Votre personnage est-il raciste[7] ? »

Épuisé par le décalage horaire (et peut-être étourdi par autant de questions), Hergé ne tarde pas à monter dans la voiture mise à sa disposition pour rallier son hôtel. Une luxueuse chambre lui a été réservée au Reine Elizabeth, boulevard Dorchester – qui ne sera rebaptisé René-Lévesque qu'en 1988.

L'hôtel Reine Elizabeth.

La Patrie ■ MAGAZINE

TINTIN

a 36 ans
et son père
se porte bien

Ci-contre : Supplément artistique
du journal *La Patrie* du 8 avril 1965
annonçant la venue d'Hergé au Québec.

Page suivante, photo du haut : Raymond Be[a]
Hergé, Louis-Robert Casterman, Serge Émilyan[o]
constable Massicotte, Marcel Godin et Jean B[e]
Photo de gauche : Hergé et Yves Mich[aud]
Photo de droite : Jean Besré, He[rgé]
Marcel Godin et Serge Émilya[nov]

Réginald Martel, à la barre de l'émission *Partage du jour*.

Le Café Martin.

Dédicace d'Hergé à Luc et Anne, les enfants d'Yves et de Monique Michaud.

7 avril

Puisque le Salon du livre n'ouvre ses portes que le lendemain après-midi, Hergé profite de la matinée pour se remettre du décalage horaire et donner quelques entrevues – dont une au journaliste Réginald Martel, de la radio de Radio-Canada. Tintinophile avoué, l'animateur de *Partage du jour* a toujours été fasciné par l'aspect scientifique qui colore chacune des aventures du jeune reporter.

La conversation tourne d'abord autour de l'album *Objectif Lune*. Hergé explique comment ses BD partent d'un thème central autour duquel il brode. Il exprime aussi son enthousiasme d'être au Canada, un pays pour lequel il éprouve depuis longtemps beaucoup de sympathie. En fait, cet intérêt remonte au jour où, encore adolescent, chez les scouts, deux de ses compagnons lui avaient parlé abondamment de cette lointaine contrée. Ils lui en avaient même appris l'hymne national !

Lorsque Martel rappelle à Hergé la présence d'un « Tabarnak » dans une histoire d'un récent numéro du *Journal Tintin*, Hergé corrige aussitôt l'animateur avec gentillesse. Ce juron ne provient pas d'une histoire de Tintin, mais plutôt de la plume d'Albert Weinberg, l'auteur de Dan Cooper, qui aime utiliser des expressions typiques du lieu où l'histoire se déroule. Hergé s'empresse d'ajouter qu'il n'est pas venu pour se familiariser avec notre vocabulaire religieux, mais pour bien d'autres choses...

À la question « Y aura-t-il un jour une aventure de Tintin au Canada ? », Hergé répond, avec sans doute déjà un rien de lassitude dans la voix : « Je ne peux rien vous dire, je viens tout juste d'arriver, mais j'espère ! Pourquoi pas ? » Voilà bien une question qui risque de devenir récurrente et à laquelle Hergé opposera une réponse... non moins redondante.

Si Hergé s'est ménagé des temps libres pour découvrir Montréal, son horaire n'en affiche pas moins complet. Il dîne d'abord avec Louis-Robert Casterman et les représentants de la Société des libraires de Montréal avant de se promener en ville et de jouer au touriste.

La journée se termine par un souper convivial au Café Martin, rue de la Montagne, où Hergé et Casterman retrouvent Gérard Binet, Jean Besré, Yves Michaud et son épouse Monique. À la fin du repas, Hergé accepte avec plaisir de dessiner un Tintin et un Milou pour Luc et Anne, les enfants du couple Michaud. N'ayant pas de papier sous la main, c'est au dos d'un simple carton trouvé dans la voiture d'un membre de l'équipe radio qu'il dédicace son dessin.

8 avril

Voici enfin venu le jour tant attendu par J.-Z. Léon Patenaude et son équipe. L'inauguration du septième Salon du livre de Montréal a lieu au Palais du commerce, à 17 heures, en présence d'une foule d'auteurs, exposants, éditeurs et dignitaires. Il va sans dire qu'Hergé, emballé par l'accueil reçu depuis son arrivée, est l'un des invités d'honneur de la soirée.

Le sous-ministre des Affaires culturelles, Guy Frégault, déclare le Salon officiellement ouvert. C'était à Pierre Laporte, le ministre des Affaires culturelles du Québec, qu'aurait normalement dû incomber la tâche de présider la réception, mais il n'a pas pu se libérer de ses obligations parlementaires.

L'équipe du Salon du livre s'est efforcée d'offrir un éventail d'activités diversifiées et originales. Pour preuve, cette exposition de toiles inspirées d'œuvres d'auteurs (Gabrielle Roy, Yves Thériault, Claude Jasmin, etc.) où la métropole tient la vedette. « Montréal est un personnage en soi, avec son rythme, ses odeurs, ses mentalités, sa diversité raciale et l'aspect physique de ses quartiers », précise le communiqué de presse. Outre les tables rondes et autres conférences, on a organisé une journée des poètes, une autre consacrée aux chansonniers littéraires, et même un colloque portant sur « l'homme et la femme dans le roman ».

Aussitôt le vin d'honneur terminé, les partenaires du Salon du livre se dirigent vers la salle de réception de l'hôtel Reine Elizabeth pour y participer à un énorme banquet. Les dignitaires et invités prestigieux ne manquent pas : ministres, représentants fédéraux et provinciaux, comtesses, ambassadeurs et consuls d'Italie, de Suisse et de la principauté de Monaco. L'éditeur Pierre Tisseyre, qui préside aussi le Conseil supérieur du livre, est le maître de cérémonie de la soirée. Le président du Salon du livre, l'éditeur Claude Hurtubise, partage sa table avec Hergé, le sous-ministre Guy Frégault et Michel Foulon, le délégué officiel du Syndicat national des éditeurs français.

Le Palais du commerce.

Ci-contre : Publicité destinée
au stand des Éditions Casterman,
au Salon du livre.

le créateur des albums
TINTIN ET MILOU
au Québec !

Achetez ici l'album
de votre choix !

hergé

vous le dédicacera au

7e SALON DU LIVRE

Palais du Commerce
les 9-10 et 11 avril 1965 de 3 à 5 h. p. m.
au kiosque TINTIN

CASTERMAN

À gauche : édifice de
Télé-Métropole, vers 1965.

À droite : *Vol 714 pour
Sydney*, page 60, case 12.

Ci-dessous : L'animatrice
Mia Riddez et le réalisateur
Michel Vincent reçoivent Hergé
sur le plateau de l'émission
Bon après-midi.

9 avril

Le séjour d'Hergé en sol québécois entre dès le lendemain dans une nouvelle phase, vraiment publique celle-là, puisque le Salon du livre accueille ses premiers visiteurs et groupes scolaires. Avant de se présenter à une première séance de signatures, Hergé se rend aux studios de Télé-Métropole, rue de Maisonneuve. Le réalisateur Michel Vincent et son équipe l'accueillent sur le plateau de l'émission *Bon après-midi*, un magazine féminin animé tantôt par la comédienne Mia Riddez, tantôt par Lise Watier, une jeune spécialiste des communications qui s'apprête à lancer son entreprise de cosmétiques.

Publicité annonçant la présence du *Journal Tintin* au Salon du livre.

L'entrevue – réalisée en direct – se déroule durant la première moitié de l'émission, car déjà, non loin de là, au stand «Attraction» du Palais du commerce, s'allonge une interminable file d'enfants impatients de rencontrer «le papa de Tintin». Personne n'avait pu imaginer la douce folie qui allait s'emparer de ce stand durant les heures suivantes...

Trois semaines plus tôt, le représentant de Casterman, Raymond Beaulé, avait pris la précaution d'écrire à Patenaude pour lui souligner que les Éditions Casterman n'assumeraient aucun coût engendré par le service de sécurité nécessaire à l'organisation des séances de dédicaces d'Hergé. Il incombait donc au Salon du livre de prendre en charge ces coûts.

Une fois encore, Patenaude donne libre cours à son tempérament bouillant et s'insurge avec véhémence contre la position de Casterman: «Il n'en est pas question! Jamais le Salon n'acquittera la note pour l'embauche de policiers au Palais du commerce[8]!» Selon lui, il a toujours été entendu que le Salon ne verserait pas le moindre sou pour la venue d'Hergé, faute de budget. Même les Éditions Marabout avaient engagé à leurs frais des policiers lors des signatures d'Henri Vernes, l'année précédente. Cependant, devant l'attitude inflexible de Casterman, Patenaude doit se résigner et payer deux policiers de la Ville de Montréal. Il en poste un en faction dans l'escalier de l'entrée du Salon, et l'autre dans le stand même. Les émoluments de ces deux nobles représentants de l'ordre lui coûtent 54 dollars – une somme qui lui reste en travers de la gorge.

L'organisation du Salon déroge ainsi à un principe d'équité qui a, jusque-là, toujours été scrupuleusement respecté et il importe donc que les autres exposants ne l'apprennent pas. La relation entre le Salon du livre et Raymond Beaulé en est momentanément refroidie...

Les enfants font la file par dizaines devant la table où Hergé s'installe jusqu'à 17 heures. Si certains se présentent avec des albums qu'ils ont apportés de la maison, la plupart profitent de l'occasion pour se procurer le dernier-né de l'auteur, *Les Bijoux de la Castafiore*. Quant à ceux qui ont envie de sortir des sentiers battus, ils peuvent acquérir les titres des autres collections créées par Hergé, les aventures de Jo, Zette et Jocko et Quick et Flupke, les espiègles gamins de Bruxelles.

Pendant que les enfants attendent pour rencontrer Hergé, leurs parents déambulent dans le Salon et découvrent les nouveautés littéraires d'ici et d'ailleurs. Pour animer la salle d'exposition du Palais du commerce, d'ordinaire bien terne, l'architecte Claude Longpré a fait installer, ici et là, une quarantaine de bancs du parc Lafontaine, empruntés à la Ville pour la durée du Salon. De plus, 60 palmiers – un autre emprunt, au Jardin botanique celui-là – décorent les allées, conférant à l'événement un charme exotique.

Aussitôt la séance de signatures terminée, Hergé se rend à une autre réception, donnée dans une petite salle adjacente au Salon. Le consulat belge et les Éditions Casterman tiennent à souligner la présence d'Hergé à Montréal et les convives sont triés sur le volet.

Ci-contre: Micheline Legendre et d'autres invités attentifs aux dédicaces d'Hergé dans le stand des Éditions Casterman, au Palais du commerce.

La Bibliothèque municipale de Montréal.

10 avril
Bibliothèque municipale de Montréal

Fondée en 1903 et située rue Sherbrooke depuis 1917, la plus grande bibliothèque publique de Montréal regorge de collections patrimoniales et de milliers de livres et de documents. On trouve, au sous-sol de l'édifice, une bibliothèque et une cinémathèque pour les enfants. Responsables des activités visant à stimuler le goût de la lecture, les bibliothécaires contactent immédiatement les organisateurs du Salon du livre lorsqu'ils apprennent la venue d'Hergé à Montréal.

Chaque semaine, « L'heure du dessin » fait la joie des enfants qui fréquentent la bibliothèque. L'activité, coordonnée par Irène Senécal, professeure à l'École des beaux-arts de Montréal, incite les enfants à mettre en images leurs histoires préférées ou à dessiner leurs propres créations. Au début du mois de mars, Irène Senécal et son équipe de spécialistes en arts visuels proposent aux petits un atelier spécial, où chacun doit recréer à sa façon l'univers des aventures de Tintin. Les enfants de 4 à 11 ans participent en grand nombre et la bibliothèque reçoit plus de 450 dessins en quelques jours ! L'aboutissement de ce projet est particulièrement stimulant : Hergé lui-même inaugure l'exposition des œuvres, durant la matinée du samedi 10 avril. Avec sa courtoisie proverbiale, l'illustre invité a accepté d'être le juge officiel de l'événement et de choisir les 10 plus beaux dessins présélectionnés.

Peu après 9 heures, Hergé rencontre les jeunes artistes en herbe, fébriles, accompagnés de leurs parents – dont certains sont encore plus nerveux que leur progéniture ! Il marque une pause devant chacun des dessins et des gouaches exposés, échange quelques mots avec les créateurs et s'amuse devant les interprétations fantaisistes de la Castafiore ou du capitaine Haddock. Puis, vient le temps pour Hergé d'exercer sa digne fonction de juge et d'annoncer le nom des heureux élus. Indécis, il hésite pendant plus d'une heure avant de désigner les 13 finalistes du concours. « Tout le monde mérite un prix étant donné l'excellence du travail », annonce-t-il aux parents, aussi étonnés que charmés. Le père de Tintin est sensible aux efforts déployés par ces enfants de 5 à 10 ans, et le professionnalisme avec lequel il préside l'événement comble les organisateurs.

Puisque les photographes ne travaillent presque jamais les fins de semaine, ils ne jugent pas nécessaire de se déplacer à la bibliothèque. La Ville conserve quelques photos de l'exposition, prises le mardi suivant, alors qu'Hergé n'est déjà plus à Montréal.

Traits au noir d'une illustration extraite de la version anglaise du prospectus *Bonjour Monsieur le libraire !* (1958)

Des enfants montrent fièrement leurs créations inspirées de l'univers de Tintin.

À gauche : Une fillette reçoit un album dédicacé des mains d'Hergé.

À droite : Hergé regarde avec attention les œuvres des enfants, réfléchissant sans doute déjà sur le verdict qu'il rendra.

Le centre Immaculée-Conception

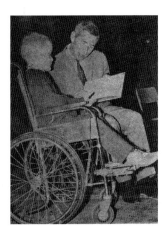

Hergé offre un album de Tintin à un enfant en fauteuil roulant, lors de son passage au centre Immaculée-Conception.

Depuis 1951, le centre Immaculée-Conception, sous la dynamique égide du père Marcel de la Sablonnière, offre aux Montréalais une foule d'activités sportives et culturelles. Des artistes établis y présentent leurs spectacles et on y organise des soirées-forum avec des invités de marque, comme René Lévesque ou le cardinal Léger. Si, pendant la semaine, le Centre se transforme en école, la superficie imposante de ses locaux permet aussi la tenue d'événements de masse, comme les populaires Salons du ski et du «Camping et Famille».

Le passage d'Hergé au centre Immaculée-Conception est prévu depuis des mois. Puisque le Centre est situé tout près de la bibliothèque, le prestigieux invité n'a qu'à contourner le parc Lafontaine pour s'y rendre, peu après 10 heures et demie. Il est accueilli par le père de la Sablonnière lui-même, fondateur et administrateur de l'établissement. Acteur prépondérant de la vie culturelle montréalaise de cette époque, cet homme accessible à tous ouvre les portes de son Centre aux plus démunis. Le créateur de Tintin, boy-scout dans ses jeunes années, apprécie l'engagement social du célèbre prêtre.

Entouré par une foule de jeunes tintinophiles, dont plusieurs handicapés en fauteuil roulant, Hergé est assailli de questions sur son œuvre et ses personnages. À un jeune garçon intrigué par l'âge de Tintin, il répond: «Vous avez, mes amis, un très beau pays dont je garderai un heureux souvenir. J'y reviendrai certainement un jour. Mais je ne sais pas quel âge aura Tintin à ce moment-là[9]!»

À peine arrivé, Hergé doit aussitôt remonter dans la voiture mise à sa disposition, car une séance de signatures l'attend au centre-ville.

Tintin au Congo, page 36, case 1.

Le magasin Eaton

Le grand magasin Eaton,
u tournant des années 1960.

ublicité du 9 avril 1965 dans
a Presse annonçant la séance
e signatures d'Hergé chez Eaton.

Fondée en 1869, la compagnie Eaton possède des dizaines d'établissements à travers le Canada. Celui de Montréal, rue Sainte-Catherine, est l'un des plus importants du pays. Étrangement, l'engagement social de la compagnie reste méconnu du grand public. Le Jeune Conseil Eaton, une sorte de Club optimiste formé d'élèves en terminale du secondaire, organise de multiples activités sportives et culturelles dans la métropole.

Depuis le début des années 1960, le grand magasin s'adapte à la réalité démographique du Québec et développe une culture d'entreprise mieux adaptée à sa clientèle francophone. Ainsi, il organise depuis peu des événements de masse, afin d'attirer plus de consommateurs de l'extérieur de l'île de Montréal. Chaque semaine, Eaton fourmille d'activités. Les défilés de mode qu'on y présente accueillent les plus grands stylistes européens. Les promotions à vocation multiculturelle attirent particulièrement les foules, avec leurs thématiques liées à l'Italie, à l'Orient ou à la France.

Robert Charrette orchestre le tout depuis 1962, à titre de directeur des relations publiques et des événements spéciaux. Monique de Gramont, son bras droit, coordonne les relations de presse avec les médias francophones et travaille aussi à l'ensemble des opérations de promotion.

Les vedettes de l'heure et les chanteurs yé-yé viennent régulièrement faire un tour de chant et signer des autographes sur la petite scène installée au cinquième étage du magasin, tout près des rayons des jouets et des articles de sport. Des émissions de télévision, tournées dans les deux langues par CTV, rassemblent les curieux au restaurant du neuvième étage, dont la décoration de style art déco a été inspirée par la salle à manger du paquebot *Île-de-France*. Chaque fois, des centaines d'admirateurs (et surtout d'admiratrices) s'y présentent, tôt le matin, pour rencontrer leurs idoles, Michel Louvain, Donald Lautrec, Les Baronnets ou même… Georges Brassens! L'épisode le plus surréaliste qu'a connu le magasin demeure sans doute l'exposition des statues de cire des Beatles, prêtées par le musée Madame Tussauds de Londres. Les organisateurs sont estomaqués par la vision de cette foule de jeunes filles qui trépignent et crient en se faisant photographier aux côtés de… mannequins!

La séance de signatures d'Hergé a été prévue de longue date. Dans *La Presse* du vendredi 9 avril est parue une publicité annonçant la présence du créateur de Tintin, de midi à 13 heures. Pour l'occasion, les albums de l'auteur sont offerts au prix spécial de 1,33 $ et, comme toujours, les commandes téléphoniques sont acceptées (l'achat sur catalogue étant la spécialité de l'entreprise depuis 1884). En file depuis plus d'une heure, des enfants attendent impatiemment l'arrivée d'Hergé, leurs albums en main. La vedette du jour se présente peu après midi, avec sa bonne humeur habituelle. Il parle avec ses jeunes lecteurs pendant plus d'une heure, obligé souvent de s'esquiver pour manger avant de prendre un nouveau bain de foule au Palais du commerce.

De retour au Salon

Vers 15 heures, Hergé revient au Salon du livre et s'installe au stand de son éditeur pour une nouvelle séance de signatures. La foule est aussi nombreuse que la veille, et principalement composée de jeunes de 7 à 15 ans. Parmi les journalistes présents se trouve Fernand Denis, du quotidien *Le Petit Journal*, qui rapporte cette anecdote: «Nous avons entendu un petit bonhomme de 11 ans demander à Hergé: "Votre héros, Tintin, n'a-t-il pas eu des aventures en Russie, dans l'un de vos premiers albums?" "En effet, lui répond l'auteur, mais cet album n'est pas disponible à Montréal…" Et l'enfant de rétorquer: "Question de politique, sans doute?" Hergé n'en est pas revenu.»

Malgré une belle affluence au Salon, les organisateurs ont l'impression que le chiffre record établi l'année précédente ne sera peut-être pas réédité. Ils expliquent cette légère désaffection du public tout bonnement par les séries éliminatoires de hockey, dans lesquelles sont engagés les Canadiens de Montréal, en route vers leur treizième coupe Stanley, un spectacle qui rive la population devant la télé. De plus, les travaux du métro battent leur plein et l'énorme chantier de la future station Berri-de Montigny rend difficile l'accès au Palais du commerce, confiné dans une espèce de cul-de-sac. Malgré ces irritants, le succès du Salon est indéniable et les lancements de livres s'y succèdent à une cadence infernale.

La soirée d'Hergé se termine par un autre événement mondain: une réception au restaurant offerte par la chambre de commerce belgo-luxembourgeoise.

11 avril

Même si le responsable officiel de l'agenda d'Hergé est Raymond Beaulé, Gérard Binet veut profiter des liens d'amitiés qui l'unissent à l'invité depuis son séjour bruxellois. Il reste ainsi en contact avec Hergé tout au long de la semaine et lui propose quelques sorties susceptibles de l'intéresser : tour de ville, excursion sur le mont Royal, repas chez Gibby's Steak House, une institution du Vieux-Montréal. Cette expérience culinaire était d'ailleurs fort attendue par Hergé, curieux de découvrir le fameux bœuf de l'Ouest.

Pendant leur voyage à Bruxelles, en mars 1964, Binet, Godin et Besré avaient promis à Hergé de lui faire découvrir l'art de se « sucrer le bec » ! Qui sait, la saison des sucres, tradition printanière toute québécoise, sera peut-être l'élément déclencheur d'une aventure de Tintin dans la Belle Province ?

Comme Binet a grandi dans une ferme entourée d'érables, il connaît bien le plaisir d'une « partie de sucre ». Même s'il est curieux de visiter une cabane à sucre traditionnelle, Hergé ne veut pas y aller seul. Jean Besré et Marcel Godin se joignent à Gérard Binet, ainsi qu'Annette Renaud, la mère du libraire Pierre Renaud, une amie du joyeux trio. En route pour Sainte-Scholastique ! Aucune séance de dédicaces n'étant prévue au Salon du livre avant 15 heures, Hergé a tout le temps d'apprécier la campagne québécoise.

Les frères Henri et Albani Cousineau ont obtenu en 1954, pour leur cabane à sucre, le titre de « Rois du sirop d'érable » décerné par le ministère de l'Agriculture ; la réputation de leur établissement n'est donc plus à faire. Albani en est le propriétaire et Henri, le bouilleur officiel. Chaque printemps, celui-ci délaisse son vrai métier – puisatier – pour participer aux parties de sucre quotidiennes.

Hergé, fasciné, découvre comment s'effectuent l'entaillage des érables et la transformation de leur sève en sirop. Il se prête au jeu et se régale d'un lourd repas traditionnel. Toujours sensible aux néologismes québécois, il s'amuse du sobriquet donné aux tranches de lard frit, les fameuses « oreilles de Christ ». Stéphanette, l'épouse d'Henri, préside aux chaudrons et concocte un véritable festin pour l'invité de marque : omelette à l'érable, fèves au lard… Après avoir dégusté du pain trempé dans le sirop, Hergé découvre l'incontournable tire sur la neige. Pour lui réserver une surprise, les Cousineau ont même préparé un château de Moulinsart en sucre d'érable !

Crayonné de Tintin à la cabane à sucre. Selon les souvenirs des témoins, Hergé le réalise accroupi dans la neige, à Sainte-Scholastique.

La cabane à sucre de la famille Cousineau, quelques années avant d'accueillir Hergé.

Après quelques danses et chants folkloriques comme *Vive la Canadienne*, la matinée se termine par une bataille de boules de neige (non prévue au programme), des facéties qui semblent inspirer Hergé. Gérard Binet l'aperçoit même, accroupi dans la neige, esquisser quelques croquis rapides.

La semaine précédente, Gérard Binet s'était assuré auprès de la famille Cousineau qu'elle ne servirait pas à l'invité de son caribou-maison, boisson faite à base de «réduit», nom donné à l'eau d'érable à peine bouillie, auquel on ajoute un peu de gin de piètre qualité. Il avait plutôt suggéré aux Cousineau la recette du maire Drapeau, qu'il avait obtenue de la femme de ce dernier lors d'une réception à l'hôtel de ville.

Hergé se régale de cette mixture et, devant son enthousiasme, ses hôtes lui offrent une bouteille de caribou destinée à son secrétaire particulier, Baudouin Van den Branden de Reeth. Amateur de bonne chère et de fines boissons, le bras droit d'Hergé sera ravi de la surprise, lui qui avait paru intrigué par la description que Binet lui avait faite du caribou. Avant les adieux, Stéphanette demande à Hergé de dédicacer la maquette de cabane à sucre que son frère Donatien, bricoleur à ses heures, a fabriquée. L'auteur y griffonne un Tintin au feutre et ajoute ces quelques mots: «En ce 11e jour d'avril 1965, Tintin et Milou (en la présence de leur père) ont pris part à une partie de sucre délicieuse. Merci et mille amitiés, Hergé.»

De retour à Montréal, Hergé passe se rafraîchir à l'hôtel et se rend au Palais du commerce pour y dédicacer des albums jusqu'à 17 heures. Son Éminence le cardinal Paul-Émile Léger arrive au Salon presque au même moment afin de prononcer un discours portant sur les besoins de livres francophones dans les pays d'Afrique en voie de développement. Il profite d'une réception avec le Conseil supérieur du livre pour remettre à J.-Z. Léon Patenaude une médaille d'argent, dans le cadre de l'Année de la coopération internationale.

Moins d'un mois plus tard, Marcel Godin recevra une lettre de Branden de Reeth dans laquelle il dit avoir eu le cœur réchauffé par l'attention charmante de ses amis québécois:

> Je trinque avec vous, sans oublier de boire à la santé de Jean Besré et de Gérard Binet. Sans oublier non plus les remerciements d'Hergé, encore sous le coup de toutes les marques de sympathie dont il a fait moisson au Québec[10].

Tracé final du crayonné pour une couverture du bulletin trimestriel de la Chambre de commerce de Belgique et du Luxembourg du Canada, publié au printemps 1965.

Québec

12 avril, Québec

Pages précédentes :
À gauche : *L'Étoile mystérieuse*,
page 14, case 11.

À droite : Le Château Frontenac,
vers 1965.

Le voyage d'Hergé au Québec ne pourrait se faire sans une halte dans la Vieille Capitale, à destination de laquelle il part, tôt en matinée, avec Louis-Robert Casterman. Dès leur arrivée, tous deux passent d'abord au Château Frontenac pour déposer leurs bagages et se rafraîchir. L'horaire de la journée a été minutieusement planifié depuis des semaines par Raymond Beaulé, et il s'annonce des plus chargés.

En 1965, beaucoup de Québécois sont fiers d'avoir un nouveau système scolaire résolument tourné vers la modernité, même s'il reste confessionnel, et dont l'administration n'est plus gérée par le clergé. Un véritable bouleversement des structures s'amorce. L'opération d'envergure doit conduire à la formation de 64 commissions scolaires et rendre l'enseignement secondaire gratuit et accessible à tous. C'est dans ce contexte particulier qu'Hergé est invité à rendre visite aux élèves de l'école secondaire Joseph-François-Perrault, chemin Sainte-Foy, à Québec.

Installé dès 16 heures dans une salle polyvalente aménagée pour l'occasion, il dédicace ses albums pendant plus d'une heure et répond aux questions des adolescents. Quelques photographes se joignent à la foule, ajoutant une dimension officielle à l'événement, au grand plaisir des jeunes déjà fort excités. Ouvert au débat, Hergé leur demande s'ils ont des critiques à formuler sur son travail. Si tous répondent par la négative, en revanche plusieurs d'entre eux veulent en savoir davantage sur le travail d'un auteur de bandes dessinées : « Pourquoi utilisez-vous un pseudonyme ? » « D'où viennent les jurons du capitaine Haddock ? » Hergé se prête au jeu des questions avec bonne humeur et semble très à l'aise avec son jeune public.

Lise Lachance, une journaliste de *L'Action* qui couvre la rencontre, précise dans son article que le premier voyage d'Hergé en Amérique lui inspirera peut-être une aventure de Tintin – décidément une idée fixe ! « Pourquoi Tintin et Milou n'inciteraient-ils pas indirectement les Européens à se rendre au Québec en 1967 ? Comme il faut moins de deux ans pour créer une histoire et les quelque 700 dessins qui l'illustrent, l'album paraîtrait juste à temps[11] ! » Le commentaire fait sourire, car il faut ne pas connaître le rythme de création d'Hergé pour évaluer ainsi, à la légère, la faisabilité d'un album.

Aussitôt la rencontre terminée, Hergé doit participer à une conférence de presse à la librairie Garneau, située rue Buade, dans la Haute-Ville. L'homme d'affaires et bibliophile Pierre Garneau a donné son nom à la plus grande librairie de la ville, fondée en 1844, après qu'il en ait pris la direction au tournant du XXe siècle.

Ci-contre : Hergé entouré
d'élèves à l'école secondaire
Joseph-François-Perrault à Québec.

La Librairie Garneau (ci-dessus) est voisine du restaurant Kerhulu, réputé pour sa fine cuisine française et sa grande salle à manger (ci-dessous).

Georges Brunelle, le responsable de la section jeunesse de la librairie, remplit les présentoirs d'albums de Tintin afin de combler les attentes des tintinophiles et de recevoir dignement Hergé. Paul Saint-Cyr, le directeur de la Société des libraires de Québec, aménage la librairie en conséquence, avec l'aide de la propriétaire, Jacqueline Desrochers-Rioux. L'avant-veille, la rédaction du journal *Le Soleil* a reçu un appel du gérant, qui leur conseillait de couvrir la venue d'Hergé et, plus particulièrement, son passage à la librairie Garneau. Gaston L'Heureux, une future vedette de la télévision québécoise, travaille depuis peu comme chef de pupitre à la section Arts et Spectacles. Connaissant la passion de l'un de ses collègues, Claude Daignault, pour l'œuvre d'Hergé, L'Heureux lui transmet aussitôt l'invitation. Daignault est affecté depuis un an et demi aux Affaires internationales. Bien que *L'Action* et le *Quebec Chronicle Telegraph* (seul journal anglophone de la région) détiennent une part de marché honorable, *Le Soleil* est le plus important quotidien de Québec, avec un tirage de 160 000 exemplaires et trois éditions quotidiennes différentes : avant le lever du jour, à midi, puis en début de soirée. C'est dire qu'un même événement peut faire la manchette trois fois durant la même journée, avec des mises à jour graduelles. Cette façon de faire, alors fréquente, assure aux lecteurs des nouvelles fraîches à une époque où les réseaux d'information continue n'existent pas encore.

Claude Daignault s'empresse d'accepter l'invitation à la conférence de presse, d'autant plus que bien peu de ses collègues s'y intéressent. Les préjugés à l'encontre de la BD sont encore très tenaces. Pour la plupart, elle n'est rien de plus qu'une littérature enfantine de second ordre. Les journalistes plus âgés ne semblent pas réaliser ou refusent de reconnaître la notoriété d'Hergé et le rayonnement de son œuvre dans le monde. Puisque Daignault commence son travail à 19 heures, il passe d'abord par la librairie Garneau et rédige son papier en soirée. Il s'assure aussi de la présence d'un photographe sur les lieux.

Toujours aussi homme du monde, Hergé accueille les représentants des médias au centre de la librairie décorée d'images de ses personnages. Vêtu d'un chic veston bleu marine, une fraîche odeur d'eau de Cologne confirme son souci d'élégance. Si aucun entretien particulier n'est prévu, la formule de la conférence de presse, aussi informelle que conviviale, convient à tout le monde.

Claude Daignault a pour ainsi dire appris à lire avec Tintin : cette rencontre avec Hergé, pour lui une idole, représente un privilège exceptionnel. « Hier soir, j'ai réalisé un rêve de mon enfance[12] », écrit-il le lendemain. Dans son article, le journaliste évoque la simplicité et la générosité d'Hergé. Il y raconte aussi par le menu le formidable travail de recherche nécessaire à la réalisation d'un album, le succès international de Tintin et les composantes de la personnalité de chacun des héros de la série.

Une seule question semble toutefois obséder les autres journalistes présents à la conférence de la librairie Garneau, et le lecteur perspicace l'aura déjà devinée : Tintin vivra-t-il prochainement une aventure au Canada ? La réponse d'Hergé reste, grosso modo, toujours la même : « Pourquoi pas ? Je n'écarte pas l'idée… »

La soirée se termine au Kerhulu, une des meilleures tables de Québec, situé à deux pas de la librairie. Paul Saint-Cyr et l'équipe de la librairie Garneau invitent Hergé et Louis-Robert Casterman à découvrir ce fin restaurant français, reconnu pour ses pâtisseries exquises et son exceptionnelle cave à vin. L'endroit se prête parfaitement à un rapide bilan de la journée, mais surtout à l'évocation de la surprenante destination figurant à l'agenda d'Hergé, le lendemain matin…

La Manic

13 avril

Dès le début des années 1960, René Lévesque, alors ministre des Richesses naturelles, fait de la nationalisation de l'électricité son cheval de bataille. Il constate que les régions éloignées de Montréal sont mal desservies par les 11 entreprises privées productrices d'électricité. De plus, les tarifs sont élevés et le service à la clientèle se fait presque exclusivement en anglais. Le Québec doit se doter d'installations hydro-électriques à la hauteur de ses besoins et de ses ambitions. C'est le coup d'envoi de ce qui deviendra le plus grand chantier du monde : la construction de plusieurs barrages échelonnés sur une distance de 1800 kilomètres, le long de la rivière Manicouagan. Parmi ceux-ci, Manic 5, le plus haut barrage à voûtes multiples du monde, avec ses 214 mètres. Situé à 200 kilomètres de Baie-Comeau, sur la Côte-Nord, 13 000 ouvriers y travaillent entre 1961 et 1968. Hydro-Québec devient alors le plus important employeur au pays et l'économie québécoise accomplit un véritable pas de géant.

Aménagement des routes et des habitations de la centrale Manic 5, vers 1960.

Hergé a entendu parler, par Raymond Beaulé, de la Manic et du gigantisme de ses barrages. Optimiste, le représentant québécois de Casterman propose même à Hergé un petit crochet du côté de Granby et d'Ottawa, si le temps le leur permet. Henri Vernes, l'invité de la précédente édition du Salon, n'a pas manqué de s'intéresser de près au chantier et a salué, au terme de sa visite, le génie progressiste des Québécois en ces mots : « Voilà le symbole du Québec nouveau, bien au-delà des images tenaces des quelques arpents de neige.[13] » Le prolifique écrivain s'est même inspiré de ces lieux grandioses pour y camper les décors de la toute dernière aventure de Bob Morane : *Terreur à la Manicouagan.*

C'est donc avec une réelle curiosité qu'Hergé s'envole vers le plus important chantier de construction du monde, tôt le matin du mardi 13 avril, en compagnie de messieurs Lefort et Casterman. L'excursion a été soigneusement préparée depuis des semaines par l'équipe des relations extérieures d'Hydro-Québec : Marcel Couture, Fernand Rivard, Jean-Maurice Filion et Martial Singhers.

Pages précédentes :
À gauche : *L'Oreille cassée,*
page 17, case 11.

À droite : Hergé sur le chantier de la Manic.

84

Chaleureusement accueilli à l'aéroport par les responsables du chantier de Manic 5, Hergé fait la connaissance de ses hôtes : Antoine Rousseau, le gérant des chantiers Outardes, et Jean-Charles Bégin et Régine Bergeron, tous deux responsables des relations publiques de la société d'État. Mme Bergeron, qui travaille surtout à Montréal, est sur place pour préparer les textes des scénarios de huit films illustrant autant de divisions d'Hydro-Québec. Se joignent rapidement à eux Michel Kazanovitch, le gérant des chantiers Manic 1 et Manic 2, ainsi que Jean-Maurice Filion, également responsable des relations publiques d'Hydro-Québec à Montréal.

La première journée du séjour d'Hergé à la Manic s'avère plutôt didactique. On l'invite à visiter les bureaux administratifs des chantiers, où lui est donné un cours accéléré sur l'énergie hydroélectrique, les ressources naturelles de la province et les objectifs à long terme du gouvernement québécois. Hergé pose mille et une questions et s'attarde longuement autour des maquettes des barrages, présentées près des bureaux administratifs.

Rien n'est plus impressionnant que de marcher au cœur de ce chantier, l'un des plus grands au monde. Coiffés de casques, Hergé, Lefort et Casterman suivent prudemment leur guide, Michel Kazanovitch, parmi les énormes grues et la foule des ouvriers au travail. Le gigantisme de l'opération subjugue les invités, fascinés par les explications du contremaître. Hergé s'informe également des mœurs et des coutumes des Nord-Côtiers, ainsi que de l'impact social et économique d'un tel projet sur la population locale. Il échange quelques mots avec les ouvriers, tenant à les féliciter pour ce formidable effort collectif. Ces hommes sont agréablement surpris de croiser, entre deux pelles mécaniques, le créateur de Tintin et Milou. Hergé laisse un souvenir aux travailleurs du chantier : un Tintin et un Milou ayant pour toile de fond le barrage en construction. Un dessin unique, précieusement conservé dans les archives d'Hydro-Québec.

Enfin, Hergé accepte sans se faire prier le tour d'avion qui lui est proposé. C'est bien connu, l'aéronautique a toujours été très présente dans l'univers de Tintin. Survoler l'ensemble des chantiers de la Manicouagan est un privilège qu'Hergé savoure avec une joie presque enfantine.

Le Sceptre d'Ottokar,
page 22, case 13.

Hergé et un représentant d'Hydro-Québec prêts à survoler le barrage hydroélectrique. Plus bas, une dédicace d'Hergé à Michel Kazanovitch, gérant des chantiers.

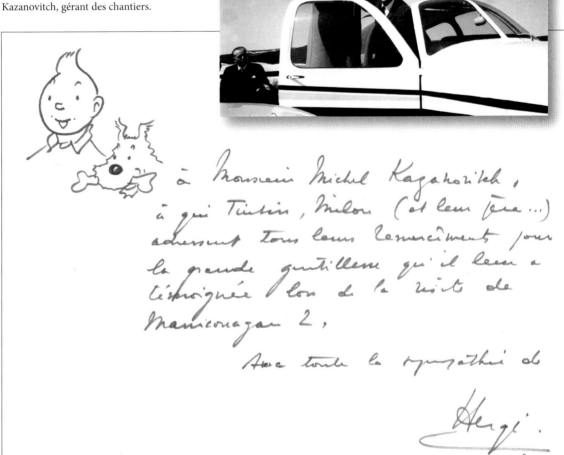

Une visite inattendue!

Près de 260 élèves fréquentent l'école primaire du lac Louise, située à 8 kilomètres du chantier de la Manic. Le bâtiment d'acier est situé sur la 2ᵉ Rue, tout près d'un parc de maisons mobiles. L'école se transforme en centre multiservices pendant les fins de semaine, avec sa chapelle pour la messe du dimanche et sa salle communautaire pour les soirées dansantes du samedi. Une partie de l'établissement abrite des appartements destinés à accueillir les invités de marque d'Hydro-Québec ou les artistes de passage dans la région. D'ailleurs, il n'est pas rare d'y croiser René Lévesque, Yves Michaud ou Gustave Gingras, un médecin célèbre sur le chantier.

Noëlla Hovington, la directrice de l'école depuis près de quatre ans, peut compter sur la collaboration d'une douzaine d'enseignants. Luc Desrochers, son mari, travaille aux bureaux du chantier. Dans la matinée du 13 avril, elle apprend, par un coup de téléphone, la visite impromptue du créateur de Tintin. Passionnée de lecture, elle est consciente du privilège de recevoir un auteur d'une telle réputation et s'empresse d'annoncer la nouvelle aux enseignants. Peu après le dîner, Hergé se présente à l'école, accompagné de ses hôtes.

Il découvre d'abord la bibliothèque et échange quelques mots avec Noëlla Hovington dans son bureau. Il visite ensuite les classes du rez-de-chaussée et rencontre les élèves. Avant de partir, la directrice lui demande un petit dessin qu'Hergé exécute sur-le-champ. Elle a précieusement conservé le petit croquis de Tintin, dédicacé et signé de la main de l'auteur.

Ci-dessus: Raymond Beaulé et Hergé découvrent la bibliothèque de l'école qui les reçoit.

Page précédente: Hergé est accueilli chaleureusement sur le chantier de la Manic et y découvre les avantages de l'hydroélectricité.

Visite du créateur de Tintin
à l'école primaire du lac Louise.

Interrogée, 44 ans plus tard, sur la visite d'Hergé à l'école primaire du lac Louise, elle reconnaît avec humour que peu d'élèves ont compris ce jour-là la chance qu'ils avaient eue de rencontrer ce géant de la bande dessinée.

« À vrai dire, ils étaient beaucoup plus excités quand Joël Denis est venu chanter *Le Ya Ya* dans le gymnase de l'école ! » La vedette de l'émission *Jeunesse d'aujourd'hui* frappait l'imaginaire des jeunes Québécois infiniment plus que ce paisible touriste belge…

La journée se termine autour d'un bon repas, auquel sont conviés Mme Edgar Ouellet et Christian Girard, les rédacteurs du journal *Manicouta*, une publication destinée aux résidants de la Manic, ainsi que Gérard Lefrançois, le directeur de l'hebdomadaire du comté de Saguenay, *Le Journal de la Côte-Nord*. Ce dernier ne manque pas, dans son édition du mercredi suivant, de consolider la rumeur (!) selon laquelle Tintin vivrait bientôt une aventure au Québec :

> Si Hergé réservait une aventure à Tintin sur les barrages de la Manicouagan [...], il y aurait probablement tentative de sabotage par des agents d'une puissance étrangère. Tintin démasquerait les coupables avant qu'ils puissent accomplir leur forfait, empêchant ainsi les eaux du grand lac artificiel, en amont de Manic 5, de balayer les villes de Baie-Comeau et de Hauterive[14].

C'est sur un ton désinvolte, presque badin, qu'Hergé a évoqué à grands traits le scénario de cette intrigue bien hypothétique, pour ne pas se lier par une promesse qu'il ne pourrait tenir. Mais les habitants de la région, eux, fantasment déjà à l'idée de la voir immortalisée dans l'une des bandes dessinées les plus lues au monde…

14 avril

Le lendemain, Hergé se rend sur le chantier Manic 2. Régine Bergeron l'accompagne et lui sert de guide. Un photographe, dépêché par Hydro-Québec, immortalise les points forts de la visite : au sommet du barrage, dans les tunnels menant aux futures turbines, à la cafétéria du chantier.

Hergé découvre l'histoire de la région et, dans un élan d'enthousiasme, exprime même le désir de revenir sur la Côte-Nord, de Tadoussac à Blanc-Sablon, avec sa compagne Fanny !

Hergé termine sa journée, peu après 19 heures, à la taverne des ouvriers de la Manic. Même si une Labatt 50 « tablette » ne vaut pas une bonne bière belge, c'est l'occasion pour lui de fraterniser avec ces travailleurs et de mieux comprendre leur réalité. Plusieurs d'entre eux ont des enfants en âge de lire Tintin et l'auteur n'hésite pas à dédicacer quelques croquis sur des serviettes de papier.

Hergé avec Régine Bergeron, responsable des relations publiques de la société d'État.

Ci-dessus et pages suivantes : Hergé n'hésite pas à se munir d'un casque et à arpenter les chantiers pour mieux découvrir les secrets du barrage et apprécier les grands espaces de la Côte-Nord.

aux hommes de
Manicouagan - Outardes,
très amicalement,
Hergé.
13.4.65.

Dessin d'Hergé dédié aux hommes de Manicouagan-Outardes.

15 avril, Québec

Ravis de l'accueil qu'ils ont reçu à Manicouagan, Hergé, Casterman et Lefort prennent un copieux déjeuner avant de monter à bord de l'avion qui les ramène à Québec, vers 11 heures.

Depuis quelques jours, on annonce dans *Le Soleil* la venue d'Hergé chez Paquet, le grand magasin du faubourg Saint-Roch. Ce spécialiste de la vente au détail doit sa renommée à ses multiples succursales et à son catalogue de vente par correspondance. Des dizaines de familles se pressent pour voir Hergé, qui est ensuite invité à signer le livre d'or de l'entreprise. Quelques personnalités politiques de la région, notamment Jean Pelletier, le futur maire de Québec, alors secrétaire exécutif de la Commission des monuments historiques du Québec et conseiller du secrétaire de la Province, se sont déplacées pour l'événement. Plusieurs hommes d'affaires accompagnent Hergé dans un restaurant de la Haute-Ville pour terminer la soirée en sa compagnie.

Le grand magasin Paquet, dans la Basse-Ville de Québec, vers la fin des années 1950.

Dédicace d'Hergé à Jean Pelletier, futur maire de Québec.

Publicité publiée dans *Le Soleil* pour annoncer la présence d'Hergé chez Paquet.

Le grand départ

16 avril, Montréal

De retour à Montréal, peu après le dîner, Hergé profite de sa dernière journée au Québec pour s'accorder un peu de répit et flâner dans la métropole. Le retour à Paris est prévu à 21 heures. Hergé est attendu par ses collaborateurs. Il doit superviser la refonte de *L'Île noire*, entièrement redessinée par son collaborateur Bob De Moor, et dont les premières planches doivent paraître d'une semaine à l'autre dans le *Journal Tintin*.

Peu avant de monter à bord de l'avion, Hergé sympathise avec deux hôtesses de l'air, ravies de bavarder avec lui. Généreux et charmeur, il pose avec le personnel et signe des autographes. Il conserve les coordonnées de l'une des hôtesses et promet de la contacter à son retour. Il lui écrit en ces termes le 17 mai : « C'est à votre amabilité que j'ai dû – vous en souvient-il ? – de pouvoir prendre place aux côtés du commandant de l'appareil qui me ramenait en Europe, il y a un mois[15]. »

Émue d'avoir eu le privilège de recevoir Hergé sur son vol, Martine Marteau lui répond le 23 juin et glisse dans l'enveloppe la photo prise dans le cockpit de l'avion.

Ainsi se termine le premier voyage d'Hergé en Amérique, le seul qu'il fera au Canada. Il en conserve le souvenir d'un peuple chaleureux, d'une simplicité désarmante, à la culture francophone dynamique. La distribution des albums et du *Journal Tintin* au Québec lui tient dorénavant à cœur. Même si le chiffre des ventes enregistrées en territoire canadien demeure modeste par rapport à celui de l'ensemble de la francophonie, il comprend mieux l'affection que portent les Québécois à ses personnages et veille désormais à soigner particulièrement la mise en marché de ses produits dans la Belle Province.

À son retour, Hergé, en panne d'inspiration, préfère s'évader pour six semaines de détente italienne, à Rome et en Sardaigne, avec Fanny, repoussant une fois de plus l'élaboration du scénario de la prochaine aventure de Tintin, *Vol 714 pour Sydney*.

Hergé à l'aéroport de Montréal-Dorval, bien entouré, prêt à s'envoler pour Paris sur les ailes d'Air France.

Astérix est là

L'arrivée d'une toute nouvelle série en librairie vient concurrencer Tintin, jusque-là considéré comme le personnage favori des jeunes Québécois. En 1965, Georges Dargaud, éditeur français responsable d'innombrables succès de la bande dessinée, est de passage au Québec pour évaluer le potentiel d'Astérix, son nouveau best-seller. L'irréductible guerrier gaulois est devenu, depuis quelques mois, le véritable moteur du journal *Pilote*, que publie Dargaud en France.

Le scénariste d'Astérix, René Goscinny, est aussi le rédacteur en chef de *Pilote* depuis sa fondation en 1959, et son équipe est informée du succès commercial de Tintin au Québec, avec la publication de ses aventures dans *La Patrie* et les répercussions de celle-ci sur les ventes d'albums en librairie.

Puisque *La Patrie* est le seul grand journal à publier des bandes dessinées en couleur, Dargaud sollicite une rencontre avec Yves Michaud afin d'envisager la publication d'Astérix dans l'hebdomadaire. « Le Québec est le deuxième marché de langue française du monde, écrit le rédacteur en chef de *La Patrie*. Il est essentiel qu'Astérix puisse conquérir le cœur des Québécois ! »

Confiants dans le succès du petit Gaulois en Amérique, les deux parties s'entendent sur les conditions. Michaud est enthousiaste à l'idée de publier en exclusivité la série dont tout le monde parle en France. Le 28 novembre 1965, *La Patrie* publie la première planche de l'album *Le Tour de Gaule*. Yves Michaud s'inspire de l'opération qui fait le succès de Tintin depuis deux ans et propose à Dargaud de distribuer les cinq titres de la série partout au Québec, par l'entremise de son service de messagerie. Dès l'automne, Yves Michaud commence à importer les albums de France. Il en distribue une partie aux librairies Dussault, qui possèdent leur propre réseau, et dont le directeur, André Dussault, est également membre du conseil d'administration de *La Patrie*.

Sans surprise, la publication d'Astérix dans le journal de Michaud va stimuler – pour ne pas dire doper – la vente des albums. Le succès est immédiat et fulgurant : la première commande de 5000 exemplaires est épuisée en un clin d'œil. Les ventes atteignent rapidement les 20 000 exemplaires, tous titres confondus. À la fin de la décennie, chacun des albums d'Astérix s'est écoulé à plus de 100 000 exemplaires. Pour la première fois, Tintin a un rival d'envergure et ne règne plus en monarque absolu au Québec.

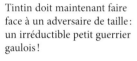

Tintin doit maintenant faire face à un adversaire de taille : un irréductible petit guerrier gaulois !

Un film de Tintin au Québec?

Le séjour d'Hergé dans la Belle Province a éveillé nombre d'espoirs auprès de ses lecteurs québécois. Beaucoup d'entre eux s'imaginent déjà lire une nouvelle aventure de Tintin qui ferait connaître au monde entier les splendeurs du Québec. Bien qu'Hergé n'exclue pas la création d'un épisode en sol nord-américain – ce qui constituerait une première depuis *Tintin en Amérique*, paru 33 ans plus tôt –, il est trop occupé pour envisager sérieusement l'idée.

Quelques Québécois, à commencer par Claude Daignault, un journaliste du *Soleil*, lui rappelleront amicalement l'intérêt d'une nouvelle histoire de Tintin en Amérique. Au tout début de l'année 1966, Daignault écrit à hergé une lettre dans laquelle il émet l'idée d'un troisième épisode cinématographique des aventures de Tintin, toujours campé par Jean-Pierre Talbot, dont l'action se passerait, cette fois, au Canada.

Hergé répond clairement à son correspondant, le 4 février 1966:

> S'il y a un film Tintin qui s'annonce, j'insisterai auprès du producteur – comme je l'ai fait plus d'une fois depuis mon retour – pour que l'action se passe au Canada. Mon intention de situer dans cette même contrée, en partie du moins, l'histoire d'un prochain album Tintin me paraît actuellement contrecarrée par les nécessités du scénario que je suis en train d'élaborer: pour mes héros, attendus ailleurs, le Canada serait, cette fois-ci (et sauf changement), un crochet que je dois leur refuser, et me refuser!
>
> Dois-je ajouter que, de ma part, ce n'est pas faute de sympathie pour votre pays? Si j'avais, dans les années à venir, la faculté de multiplier les aventures de Tintin, une au moins se déroulerait parmi les si gentils et si fidèles amis qu'il s'est fait chez vous[16].

Malgré l'impossibilité d'une nouvelle aventure américaine en album, Hergé n'écarte pas un projet de film. Verra-t-on Tintin partager la vedette avec des acteurs à l'accent québécois?

Lettre d'Hergé à Claude Daigneault.

STUDIOS HERGÉ S.A

AVENUE LOUISE 162 · BRUXELLES 5 · TÉL. 49.20.42

Le 4 février 1966

Monsieur Claude DAIGNEAULT
"LE SOLEIL"
590 de la Couronne
QUEBEC 2 (P.Q.)
C A N A D A

H/b

Cher Monsieur,

Je vous prie de m'excuser de répondre avec quelque retard à votre aimable lettre, qui a ravivé pour moi les souvenirs de mon excellent séjour au Canada et, plus particulièrement, de notre rencontre.

A titre d'échange, je voudrais bien vous faire plaisir à mon tour, mais... Mais, 1°) je ne sais pas, à l'heure actuelle, s'il y aura encore un "film Tintin". S'il y en a un qui s'annonce, j'insisterai auprès du producteur -comme je l'ai fait plus d'une fois depuis mon retour- pour que l'action se passe au Canada.

Mais, 2°) mon intention de situer dans cette même contrée (en partie, du moins) l'histoire d'un prochain "album Tintin" me paraît actuellement contrecarrée par les nécessités du scénario que je suis en train d'élaborer : pour mes héros, attendus ailleurs, le Canada serait, cette fois-ci (et sauf changement), un "crochet" que je dois leur refuser, et me refuser !

Dois-je ajouter que, de ma part, ce n'est pas faute de sympathie pour votre pays ?... Si j'avais, dans les années à venir, la faculté de multiplier les aventures de Tintin, une au moins se déroulerait parmi les si gentils et si fidèles amis qu'il s'est faits chez vous.

En attendant, mes réponses ne sont donc pas tout à fait celles que vous espériez. Ne doutez pas plus de mes regrets, cher Monsieur, que de mes sincères et cordiaux sentiments pour vous.

Hergé.

C.C.P. 175.74 · BANQUE SOCIÉTÉ GÉNÉRALE 915.951 · R.C. BRUXELLES 224.435

Tintin et l'ONF

Comme il l'avait promis à ses amis québécois, Hergé insiste auprès du producteur André Barret pour qu'il réfléchisse à la possibilité de tourner une troisième aventure de Tintin au Québec. Par un heureux hasard, l'Office national du film du Canada se dit prêt à financer en partie semblable projet; l'année précédente, le producteur Jacques Bobet en a même discuté avec Hergé, lors de son séjour montréalais. André Barret fait d'abord savoir à l'ONF que le projet l'intéresse, en précisant qu'il serait nécessaire de rechercher un nouveau comédien, puisque Jean-Pierre Talbot est maintenant trop âgé pour incarner Tintin. Barret est ouvert à l'idée d'une coproduction, à condition que le montage financier soit équitable, et il espère recevoir une proposition financière pour un tel projet.

À la fin août, Jacques Bobet fait parvenir à l'Alliance de production cinématographique trois livres de photos du Canada ainsi qu'un premier synopsis de son projet de film, *Tintin et la passerelle du Cosmos*, une histoire tournant autour de cahiers dans lesquels seraient consignés des renseignements secrets… Hergé prend évidemment connaissance du dossier et répond personnellement à l'ONF, le 15 septembre 1966. Bien que séduit par le titre original du scénario, il se permet de répondre franchement à son correspondant. Son verdict est sans appel: il manque un fil conducteur au scénario, qui n'est dans sa forme actuelle qu'une succession de gags plus ou moins réussis et interchangeables. Le thème n'est pas suffisamment attrayant; le ton burlesque du synopsis n'est pas celui de l'univers des albums de Tintin. Bref, on n'y croit pas un seul instant…

Au-delà de la piètre qualité du scénario, Hergé est surpris par le choix du lieu où se déroule l'action. En effet, l'ONF propose pour toile de fond du film l'Expo 67 et, comme date du tournage, l'été suivant… Hergé craint, à juste titre, que le film prenne l'allure d'un document publicitaire. En conclusion, il suggère au scénariste de revoir l'intrigue et de relire les derniers albums de Tintin.

Satisfait de la réaction d'Hergé, Jacques Bobet lui répond dans une lettre datée du 27 octobre. Bobet avait, après leur entretien à Montréal, pressenti qu'Hergé souhaitait collaborer étroitement à la réalisation d'un film, avec une équipe jeune, depuis l'écriture du scénario jusqu'au tournage. Il n'adhère pas vraiment à la méthode de travail proposée par Hergé et déclare qu'elle «ne convient vraiment ni à notre tempérament ici, ni aux vraies lignes de force de notre cinéma, sans pour cela vous apporter, à vous, la moindre satisfaction véritable». Jacques Bobet poursuit encore:

> Lorsque vous me dites: «Je n'ai besoin que de quinze lignes de synopsis», je pense que ce sont justement ces quinze lignes qui doivent venir de vous, CES QUINZE LIGNES-LÀ AVANT TOUT. Là se trouve la paternité véritable du film[17].

On oublie donc l'éventualité d'un tournage à l'Expo 67, et on espère qu'Hergé, invité à nouveau au Québec, pourra trouver l'inspiration nécessaire au contact des paysages et des grandes étendues québécoises.

Même s'il est accaparé par la production de *Vol 714 pour Sydney*, il se penche avec son équipe sur l'amorce d'un scénario acceptable pour un troisième film. Le 3 décembre, il fait part de ses conclusions à André Bobet:

> Je me suis débranché du sujet qui m'occupe, mes collaborateurs en ont fait autant. Eh bien! Jusqu'à présent, rien ne me satisfait… Le plus sincère est de vous engager à ne compter sur rien avant la fin du mois de janvier prochain[18].

Finalement, l'ONF reçoit à la mi-janvier un résumé de *Tintin et le Thermozéro*, qu'André Barret juge approprié pour le grand écran. Il s'agit d'une histoire rédigée sept ans plus tôt par Greg, père d'Achille Talon et prolifique scénariste de bandes dessinées, à la demande d'Hergé. Le scénario a fait l'objet de quelques planches préparatoires, mais a été rapidement abandonné.

L'idée vaut toutefois le détour: Tintin et le capitaine Haddock sont dans l'impossibilité de porter secours à un accidenté de la route, car de mystérieux individus les devancent. Les témoins de l'accident sont ensuite cambriolés l'un après l'autre, et le reporter en conclut que l'accidenté est propriétaire d'un objet très convoité – un flacon de pilules radioactives, le fameux Thermozéro. S'ensuit toute une série de rebondissements: enlèvement du capitaine, demande d'une rançon, rendez-vous à Berlin… C'est justement au Québec, et non en Europe, que se situe la suite de ces péripéties.

Malheureusement, au fil des mois suivants, chacun des intervenants se désintéresse du projet, personne n'étant au fond réellement convaincu de sa valeur. La faisabilité du film est remise en question, et la perspective d'une aventure de Tintin au Québec est définitivement abandonnée, sans rancune de part et d'autre et dans l'espoir d'une collaboration future.

Page suivante: Première planche crayonnée de *Tintin et le Thermozéro*, sur un scénario de Greg, dont l'action avait d'abord été campée en Europe avant d'être transportée au Québec, dans l'éventualité d'une adaptation cinématographique (1960).

L'Expo 67

À l'été 1966, Micheline Legendre, quoique accaparée par ses spectacles du Jardin des merveilles, songe à un projet de théâtre de marionnettes pour l'Expo 67. Puisque trois spectacles inspirés des albums de Tintin existent, pourquoi ne pas les présenter, dans les deux langues officielles, dans un pavillon spécialement conçu pour cet usage? D'autres créations, venues de différents pays invités, pourraient s'ajouter à la programmation dont Legendre serait la coordonnatrice.

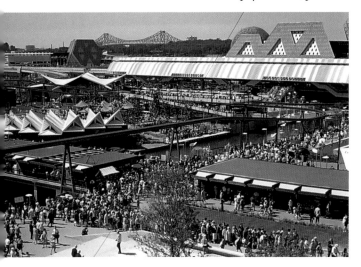

Page précédente et ci-dessus: Vues d'ensemble de l'Exposition universelle de Montréal de 1967. En haut, à droite: Le pavillon des États-Unis.

Vignette de la page 100: *Le Temple du soleil*, page 59, case 15.

L'Expo veut bien d'un festival de marionnettes, mais les fonds manquent, car le budget est bouclé depuis des mois. Gilles Lefebvre, responsable des animations culturelles de l'événement, songe à annexer le théâtre au complexe prévu pour les Jeunesses musicales du Canada, qu'il dirige depuis 1949, mais la mise en œuvre de cette idée est trop onéreuse. Déterminé, il demande alors à l'architecte saguenéen Paul-Marie Côté de construire la maquette d'un complexe incluant une école de la marionnette et des ateliers de création. Legendre est chargée de réunir les 300 000 dollars nécessaires à la construction d'un théâtre permanent. Si le projet se réalise, le complexe accueillera chaque année 200 000 enfants et survivra à l'Exposition universelle.

Avec le soutien de plusieurs associations féminines, Micheline Legendre présente son projet à l'ambassadeur de Belgique au Canada et au propriétaire de la firme Miron à Montréal, l'un des acteurs majeurs de la construction des îles sur lesquelles sont érigés les pavillons de l'Expo. L'objectif de Legendre est de persuader l'entreprise de construire, à ses frais, le théâtre de marionnettes; en contrepartie, Miron donnera son nom au théâtre et jouira d'une publicité appréciable durant l'événement. Puisque le temps presse, Micheline Legendre s'adresse également à deux autres compagnies, Quaker Oats et Bata Shoes, titulaires de licences pour l'utilisation des personnages d'Hergé. Toutefois, il ne reste plus que neuf mois avant l'ouverture de l'Expo 67 et, à ce stade, aucune des entreprises sollicitées ne désire s'engager.

Le projet de construction du théâtre, pourtant digne d'intérêt, n'aboutira pas. Le temps et l'argent font défaut. L'initiative de Micheline Legendre est toutefois récompensée puisqu'elle devient responsable et coordinatrice du Festival international de la marionnette, logé dans le pavillon de la Jeunesse. Les troupes de plusieurs pays y présentent des spectacles tout au long de l'été, et Tintin n'est pas très loin, dans le pavillon de son pays d'origine…

Projet de théâtre de marionnettes présenté par l'architecte Paul-Marie Côté à Micheline Legendre pour la recherche de commanditaires.

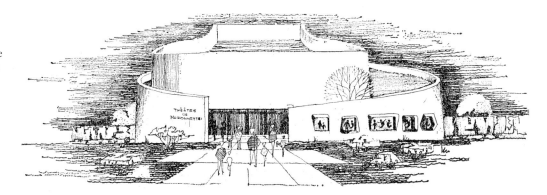

Le pavillon de la Belgique

Le pavillon de la Belgique.

L'Exposition universelle de Montréal ouvre ses portes le 28 avril 1967. Cent vingt États, répartis dans une soixantaine de pavillons, participent à l'un des plus grands événements culturels et touristiques du monde. La Belgique a été le deuxième pays, après la Grande-Bretagne, à confirmer sa présence au maire Drapeau en mai 1963. Elle avait promis d'offrir à l'Expo un pavillon convivial et à l'architecture originale.

Le pavillon de la Belgique a une structure transparente où tous les murs intérieurs sont constitués de grands panneaux de verre. On y présente des expositions axées sur les thèmes des beaux-arts, de la liberté religieuse, des richesses naturelles et du progrès social. Plusieurs éléments soulignent l'importance des avancées scientifiques accomplies en Belgique; d'autres témoignent de la vigueur d'une industrie orientée vers l'exportation. Une fresque impressionnante symbolise l'expansion pacifique de la Belgique dans le monde; une autre fait découvrir les grands hommes de ce pays. Enfin, un petit film sur l'Exposition de 1958 à Bruxelles – un grand motif de fierté pour les Belges – est projeté en boucle.

Au premier étage, un espace est spécialement consacré à l'édition belge dans son ensemble, incluant, bien sûr, la bande dessinée. Évidemment, Tintin y occupe une place de choix, le héros d'Hergé étant une véritable icône culturelle au pays du neuvième art. Les concepteurs du pavillon de la Belgique ont opté pour un décor épuré. Plusieurs personnages bien connus, peints à la main d'après les croquis originaux des maîtres de la bande dessinée, se côtoient sur sept panneaux translucides : Gaston Lagaffe, Prudence Petitpas, Blake et Mortimer, les Schtroumpfs, Bob Morane, Rick Hochet, Spaghetti…

Une grande case met en vedette Dan Cooper, le célèbre pilote de chasse canadien d'Albert Weinberg. Ce dernier est par ailleurs invité à dédicacer ses albums au pavillon de la Jeunesse, en même temps que l'auteur Henri Vernes. L'événement se tient le mardi 9 mai.

Au centre de la peinture murale du pavillon, Tintin et ses amis sont reproduits sur un panneau de près de deux mètres de hauteur. Les milliers de lecteurs de l'édition québécoise du *Journal Tintin* se réjouissent de la présence à l'Expo de leur héros favori.

La présence de Tintin à titre d'ambassadeur de la bande dessinée belge ne fait aucun doute à l'intérieur du pavillon.

Le phénomène
Denis Thérien

Denis Thérien en 1967.

Nous sommes en février 1967. Denis Thérien est un garçon de 12 ans, grand sportif et gardien de but de l'équipe de hockey pee-wee du Séminaire de Trois-Rivières. Comme la plupart de ses amis, il regarde religieusement l'émission *Tous pour un*, diffusée le lundi soir à la télévision de Radio-Canada. Animé par Raymond Charrette, ce jeu-questionnaire met à rude épreuve les connaissances générales des candidats. Chaque semaine, l'ensemble des questions porte sur un thème bien précis, de nature politique, culturelle ou sportive.

La télévision d'État invite les tintinophiles québécois à se manifester afin de participer à une émission spéciale de *Tous pour un* destinée aux enfants et ayant pour thème les personnages d'Hergé. Heureux hasard, Denis possède toute la collection et raffole de l'univers de Tintin. Il n'y a aucun doute dans la tête de Denis. «J'irai à cette émission!» lance-il résolument à ses parents.

Des milliers de jeunes répondent à l'appel. Radio-Canada est surpris par l'engouement suscité par le thème de Tintin et décide de faire de l'émission un véritable événement. Denis, lui, relit inlassablement les 21 albums de la collection, prend des centaines de notes sur autant de fiches et fait sonder ses connaissances du sujet par sa sœur.

À l'école Le Plateau, Raymond Charrette accueille les parents des enfants désirant participer à l'émission.

Un premier examen écrit est organisé un samedi matin à l'école Le Plateau, située au cœur du parc Lafontaine. Les questions sont composées par Marcel Godin, le scripteur de l'émission de Tintin à la radio. L'objectif est de sélectionner les meilleurs candidats, mais surtout d'éliminer les autres, puisque le nombre d'inscriptions dépasse les 4000! Les organisateurs de l'émission y parviendront aisément en soumettant les candidats à un examen assez pointu, que seuls réussiront les véritables amoureux de Tintin. Au terme du processus, 16 jeunes sont retenus. Denis Thérien est du groupe.

Pages précédentes:
À gauche: Illustration promotionnelle pour le film d'animation *Le Crabe aux pinces d'or*, 1946.

À droite: Denis Thérien et l'animateur Raymond Charrette sur le plateau de l'émission *Tous pour un*, à Radio-Canada.

Les sélectionnés font l'objet d'un deuxième test, cette fois-ci aux studios de Radio-Canada. Le but de l'exercice est clair : en reproduisant l'ambiance de l'émission de télévision, on plonge les jeunes participants dans le contexte d'un enregistrement. Un à un, ils défilent devant l'animateur et s'emploient de leur mieux à répondre aux questions, d'un très haut niveau de difficulté. Denis ressort de ce supplice en proie au désespoir : il a raté trois questions sur huit. Il est certain d'avoir perdu et en fait part à ses parents, les larmes aux yeux.

Le lundi midi, alors qu'il revient dîner à la maison, sa mère l'attend sur la galerie en fredonnant une mélodie révélatrice : « Il a gagné ses épaulettes ! » Fou de joie, Denis n'en croit pas ses oreilles tant il était persuadé d'avoir failli à la tâche.

Il n'a devant lui que quelques semaines pour se préparer. L'enjeu est de taille : une bourse d'étude de 5 000 dollars, une véritable fortune à l'époque, l'équivalent du salaire annuel d'un travailleur. Les recherchistes conseillent la mère de Denis sur la tenue vestimentaire de son rejeton : pas de cravate ni de veston pour l'émission. Le col roulé des auditions fera parfaitement l'affaire. Serait-ce qu'il a détonné dans le groupe des autres candidats avec son look moins conservateur ? Peu importe, son chandail lui porte chance.

Les enfants, pour la plupart des garçons, doivent d'abord réussir un examen écrit portant sur l'univers de Tintin pour être sélectionnés à la grande finale. Un seul « tintinophile » aura la chance de participer à l'émission.

La première émission est diffusée en direct, le 8 mai 1967. Raymond Charrette entame l'heure en lisant une lettre d'Hergé adressée personnellement à Denis Thérien: «Tu es certainement un as, puisque tu as été le meilleur parmi des milliers de concurrents… Maintenant, c'est à toi de jouer. Bonne chance![19]»

Ci-contre: Message d'Hergé à Denis Thérien, lu en direct par Raymond Charrette au tout début de la première émission.

Ci-dessous: Télégramme de Radio-Canada reçu par Hergé lui annonçant la bonne nouvelle: Denis est un champion!

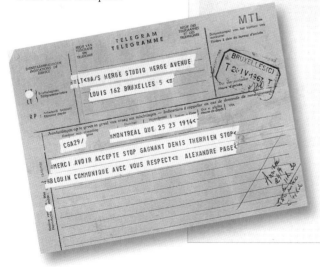

Cameraman RTB :: PIRON

25/4/67 - Message pour l'Emission de Radio-Canada
"TOUS POUR UN"

C'est de Bruxelles que je m'adresse à toi, mon cher Denis Therrien !

J'ai appris ton nom par un télégramme m'annonça ton succès. Je me suis dit qu'un jour, peut-être, ce se un Sélénite ou un Martien qui aurait la vedette à l'émi sion "Tous pour un"... Mais, en attendant, c'est un Therrien !!!... Tant mieux !

La première chose que je dois faire, mon cher Denis, c'est de te féliciter.

Tu es certainement un "as", puisque tu as été l meilleur parmi des milliers de concurrents.

Tu es un "as" dans une branche qui n'est sans doute pas aussi importante que la géographie ou les mat matiques, mais qui est quand même très sérieuse (!) : l "branche Tintin" !!!

Accroche-toi bien à cette branche aujourd'hui ! Essaie de ne pas tomber ! Car je suis sûr qu'il y a des pièges, en dessous de l'arbre !...

Evite ces pièges, triomphe de toutes les diffic tés : c'est le souhait que je forme pour toi... et que aussi mon vieil ami le capitaine Haddock, mille sabords

Après t'avoir dit "bravo!" et t'avoir dit "cour ge!", permets-moi mon cher Denis, de m'adresser aussi à tous les amis de Tintin au Canada.

Je leur envoie mon lointain mais cordial salut. leur dis "merci!" pour leur fidélité, pour leur enthous me, pour toutes leurs gentillesses !

Mais maintenant, c'est à toi de jouer, Denis Therrien ! Bonne chance ! Au revoir !

Ci-dessus et au fil des pages
suivantes : Pendant trois semaines,
tout le Québec vit au rythme des
réponses de Denis Thérien, pour
qui l'univers d'Hergé n'a plus
aucun secret. Sur le plateau de
Tous pour un, la complicité est
forte entre Raymond Charrette
et son jeune invité.

Cette première émission sera suivie de deux autres rondes, échelonnées sur autant de semaines, selon les résultats qu'obtiendra le jeune participant. Les questions ne sont pas faciles, mais Denis est bien préparé. « Dans *L'Île noire*, dans quelles villes du monde habite chacun des faux-monnayeurs mentionnés sur la liste que trouve Tintin ? » Ou encore : « Quelle est l'adresse exacte de Tournesol au bas du télégramme que reçoit Haddock dans *Objectif Lune* ? » Le jeune tintinophile termine la première semaine avec une note parfaite. Idem pour la deuxième émission. « Un véritable génie ! » s'exclament à l'unisson analystes et téléspectateurs. Denis Thérien charme le public et les cotes d'écoute montent en flèche. *Tous pour un* relaye même au second rang les matchs de la « finale du centenaire » entre les Canadiens et les Maple Leafs.

Raymond Charrette demande à Denis, entre deux questions pièges, ce qu'il aimerait bien s'offrir s'il gagne à l'émission.

« Un chien, répond-il.

— Un Milou juste à toi ? ajoute l'animateur.

— Non. Je préférerais un saint-bernard ! »

Affolée à l'idée d'accueillir chez elle pareil mastodonte, la mère de Denis, en coulisses, manque de s'évanouir. Au cours de la semaine du 15 mai, le maire Drapeau, téléspectateur assidu de *Tous pour un*, téléphone à Alex Page, le réalisateur de l'émission, pour lui suggérer le nom d'un éleveur de chiens à L'Assomption.

Malgré deux mauvaises réponses lors de la dernière émission, l'invité se rattrape aisément grâce aux appels à tous et remporte le grand prix. Il fait un gain supplémentaire de 400 dollars grâce à des questions primes à la fin de l'émission. Enfin, on lui remet symboliquement le bébé saint-bernard dont il rêvait, sous les yeux de sa mère incrédule, et Hergé lui fait parvenir immédiatement un télégramme de félicitations.

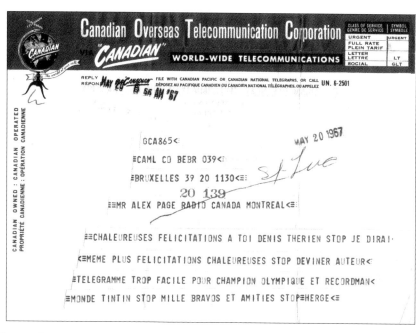

À gauche : *Tintin au pays de l'or noir*, page 10, case 6.

À droite : Télégramme de félicitations d'Hergé à Denis Thérien.

Denis Thérien devient la vedette de l'été. Partout sur son passage, les gens le félicitent et le complimentent sur son intelligence et sa mémoire prodigieuse. La maison Grolier, un prestigieux éditeur d'encyclopédies, le nomme porte-parole de sa nouvelle collection de livres, et les médias profitent de son passage à la Foire agricole de Trois-Rivières, au stand que CKTM lui a réservé, pour l'interviewer et le photographier. Les enfants y sont même invités à signer un livre d'or et à flatter le chien offert à Denis sur le plateau de l'émission.

L'image de l'enfant prodige marque l'imagination des Québécois et la maison Grolier fait de Denis le porte-parole de l'une de ses encyclopédies.

Denis à la Foire agricole de Trois-Rivières, en compagnie d'admirateurs et… du jeune saint-bernard qu'on lui a offert sur le plateau de l'émission *Tous pour un*.

Denis passe une partie de la saison estivale à arpenter les îles de l'Expo 67. À l'occasion, il profite de son statut de vedette du petit écran pour attendre moins longtemps dans les files d'attente de La Ronde ou des pavillons thématiques. En juin, Hergé téléphone au réalisateur de l'émission pour inviter personnellement Denis en Belgique, durant toute une semaine. Au mois d'août, il s'envole donc pour le pays du neuvième art en compagnie de son père, heureux comme un roi mais intimidé par la notoriété de celui qui l'attend à l'aéroport de Bruxelles.

Pendant deux jours, Hergé fait découvrir son pays à ses invités. Il les emmène dans son studio, où ses collaborateurs Jacques Martin et Edgar P. Jacobs travaillent sur *Vol 714 pour Sydney*. Hergé remet à Denis un présent somptueux : la collection complète des albums de Tintin avec une dédicace personnalisée dans chacun des livres. Denis et son père découvrent les grands restaurants bruxellois, L'Atomium, Le Waterloo, et bien d'autres sites incontournables de la capitale belge. Ils sont logés à l'hôtel Amigo, sur la Grand-Place, et un chauffeur les accompagne dans tous leurs déplacements. Hergé et Denis participent même à quelques émissions de radio et de télévision, comme le téléjournal de la RTBF. Le créateur de Tintin ne tarit pas d'éloges à propos du jeune champion : « Impavide, taciturne, réfléchi, observateur […] Son front est barré d'une frange ; on dirait qu'elle le protège contre la fuite d'un nombre incalculable d'éléments méthodiquement rangés dans ce cerveau étonnant. »

Denis avec son père, à Bruxelles, et trinquant avec Hergé, qui l'accueille chaleureusement dans ses studios.

L'une de ces entrevues donne lieu à un moment d'anthologie lorsque l'animateur soumet les deux invités à un jeu-questionnaire et leur pose quelques colles sur Tintin. Denis l'emporte évidemment haut la main contre Hergé, incapable de se souvenir du moindre détail de toutes ses créations ! Le jeune touriste québécois profite aussi de son séjour pour visiter les bureaux et les ateliers des Éditions Casterman à Tournai. Denis occupe désormais une place toute spéciale dans le cœur d'Hergé. Chaque année, immanquablement, il reçoit une carte de Noël postée de Belgique. Hergé l'invite à nouveau à Bruxelles quelques années plus tard, mais Denis, pris par ses études, ses amis et les distractions de l'adolescence, ne pourra honorer l'invitation.

Ses exploits de 1967 sont restés gravés dans toutes les mémoires. Entre autres souvenirs marquants, Denis se souvient d'une assemblée du Parti québécois à laquelle il participe, en 1973, dans un hôtel du centre-ville de Montréal. René Lévesque, le reconnaissant, l'apostrophe d'un sympathique « Salut, Tintin ! » Comme tant d'autres, le futur premier ministre avait été scotché à son téléviseur pendant les apparitions de Denis à *Tous pour un*.

Aujourd'hui, Denis est père de trois garçons qui ont grandi avec les personnages d'Hergé. Ludovic, Timothé et Benjamin connaissent maintenant tout des aventures du jeune reporter. Et on imagine le beau moment de télévision que donnerait, de nos jours, une confrontation entre Denis et ses trois rejetons sur le thème de Tintin, à l'édition actuelle de *Tous pour un* !

Hergé dédicacera à Denis Thérien chacun des albums de la collection complète de Tintin. Encore aujourd'hui, il ne se passe pas une semaine sans qu'on lui parle de ses prestations au célèbre jeu télévisé.

La santé
par le lait

La santé par le lait

Pages précédentes :
À gauche : *L'Affaire Tournesol*,
page 11, case 10.

À droite : Illustration de
couverture du *Journal Tintin*
du 18 novembre 1959.

Au printemps 1967, Micheline Legendre et ses Marionnettes de Montréal renouent avec l'univers de Tintin et préparent une courte pièce de 15 minutes avec les personnages du Jardin des merveilles. Cette fois, Tintin, Haddock, Milou, Tournesol et les Dupondt sont associés à une vache et à une hirondelle pour les besoins d'un spectacle présenté dans un centre commercial de Laval. Les producteurs laitiers du Québec veulent faire mieux connaître les vertus du lait aux jeunes familles. Leur campagne de promotion nationale a pour thème « La santé par le lait » et les responsables offrent un contrat de 170 représentations aux Marionnettes de Montréal.

Micheline Legendre enseigne aux professeurs d'arts la technique du masque, de la marionnette et de l'expression dramatique à l'Université de Montréal. Elle propose donc à quelques-uns de ses étudiants de participer aux enregistrements des voix des personnages de la pièce.

Si les producteurs laitiers suggèrent à Legendre d'intégrer au scénario de la pièce un certain nombre d'informations sur la nutrition, elle a tout de même assez de latitude pour faire preuve de créativité. La difficulté de l'exercice réside dans le fait de respecter l'univers des personnages d'Hergé en veillant à ne pas donner au spectacle l'apparence d'un message publicitaire.

L'histoire met en scène Haddock qui, lors d'un séjour à la campagne, hésite à boire du lait et rechigne à l'idée de traire une vache, malgré l'insistance de Tintin. Le professeur Tournesol, en bon pédagogue, vante à ses amis les mérites nutritionnels du lait, citant au passage Louis Pasteur et glorifiant les vertus de la riboflavine. En conclusion, Haddock verse un peu de whisky dans son verre de lait (!) et le boit avec délectation. Amusé par la facétie de son vieux complice, Tintin s'adresse au public : « Faites comme moi, buvez du lait ! »

Le spectacle est présenté à nouveau à l'automne, dans le cadre du Salon de l'agriculture de Montréal, au Palais du commerce. Une fois de plus, Tintin exerce sa fascination coutumière sur les enfants et profite aux entreprises qui utilisent avantageusement son image.

À partir de cette époque, Micheline Legendre effectue régulièrement des voyages à Bruxelles et sympathise avec Hergé, toujours heureux de la retrouver. Il l'accueille dans ses studios, où ils aiment tout particulièrement discuter de leurs écrivains favoris.

Jusqu'à la fin de sa vie, le créateur de Tintin vouera une grande reconnaissance à Micheline Legendre d'avoir donné une nouvelle dimension à ses histoires grâce à ses créations artistiques hors du commun.

Ci-dessus : Extrait de l'album *L'Affaire Tournesol* mettant en vedette le lait. Les cases et les phylactères ont été modifiés par la compagnie Quaker pour les besoin d'une campagne de promotion destinée au marché québécois.

Page suivante : Texte d'ouverture de la pièce
de théâtre de marionnettes *La Santé par le lait.*

Salon de l'Agriculture 1967.

Thème musical - ouverture.
Rideau: Haddock hume l'air - respire fort 2 ou 3 fois.

Haddock: Ah! que c'est bon l'air de la campagne !
            Fini pour moi, les aventures ! Courir le monde - tonnerre de Brest -
            je vous demande pourquoi, quand on peut être tranquille sur une
            bonne ferme de chez-nous !
            Mille millions de mille sabords! rien ni personne ne réussira à
            me faire bouger d'ici - ni Tintin, ni aucun de ses amis.
            Repos, calme, air pur, voilà pour moi. Il sera toujours temps de
            retourner à Moulinsart et retrouver ma vie de château....

            (il s'installe pour faire un somme - se tourne et retourne en
               gromelant: mille sabords !....)
            Ouf !....je dors !......

            (un papillon se pose sur son nez)

            Allons, sale bestiole de tonnerre de Brest, vas-t-en !....

            (le papillon s'en va) (Haddock se recouche).
            (un bourdon arrive: bruit)
            Ah! mille millions de mille sabords, il n'y a pas moyen de se
            reposer ici !

            (Tournesol parait: d'une main, il tient un livre, de l'autre un
               parapluie) Il lit à haute voix, tout en faisant des commentaires,
               s'arrêtant ici ou là, en traversant la scène.

Tournesol: "Le lait fournit le calcium, ce minéral indispensable aux dents
            et aux os ainsi que deux vitamines essentielles à la croissance
            et à une bonne vision: la vitamine A et la riboflavine."
            Ah! oui! si j'avais su quand j'étais enfant - Evidemment, c'était
            la guerre 14-18: on manquait de tout.
            Heureusement que je suis très fort en gymnastique.....

            (il continue sa lecture)

            "La pasteurisation rend le lait sain. Le lait non pasteurisé peut
            contenir des microorganismes nuisibles, sources de nombreuses mala-
            dies. La pasteurisation détruit tous les micro-organismes patho-
            gènes présents dans le lait. Ce procédé ne diminue pas la valeur
            nutritive du lait; il rend cet aliment sain. En même temps, la pas-
            teurisation détruit un grand nombre de bactéries acidifiantes, ce
            qui augmente la durée de conservation du lait. Ce procédé tire
            son nom du grand scientifique du 19e siècle, Louis Pasteur."
            Ah! Louis Pasteur !....On ne rendra jamais assez d'hommages aux
            hommes de sciences !.....(il sort).

            (pendant la dernière partie de la lecture de Tournesol, Milou
               est entré en scène, en pourchassant une dinde:jappements et glouse-
               ments) d'abord au loin, puis, au premier plan.)

            (Tintin arrive)

Tintin: Allons, Milou, tu n'as pas honte ! Laisse cette pauvre dinde
            tranquille. Allons, arrête! C'est tous les jours la même chose.

Destination Osaka

L'Expo 67 vient à peine de se terminer lorsque deux couples de globe-trotters se lancent dans un rallye pas comme les autres : il s'agit de parcourir cinq continents en camionnette pour faire la liaison entre l'Expo de Montréal et celle d'Osaka, prévue en 1970. Jean-Pierre Ranger, Marie Ferland, François et Louise Prévost ont déjà beaucoup voyagé, mais ils choisissent cette fois une expédition plus difficile et jalonnée de défis. L'objectif de ce tour du monde est de transmettre un message de succès et d'amitié aux organisateurs de l'Expo 70. Au cours de leur périple, ils feront étape dans plusieurs grandes capitales, rencontrant dans chacune des dignitaires dont ils recueilleront les signatures dans un grand livre d'or. Il s'agit, du même coup, d'une promotion inespérée pour Terre des Hommes, l'événement qui succède à l'Expo sur les îles Notre-Dame et Sainte-Hélène.

Ci-dessus : Jean-Pierre Ranger, Marie Ferland, Louise et François Prévost sur le toit de leur camionnette « Toutounne », prêts à parcourir le monde !

Ci-contre : L'itinéraire des quatre globe-trotters : des dizaines de pays à découvrir entre Montréal et Osaka.

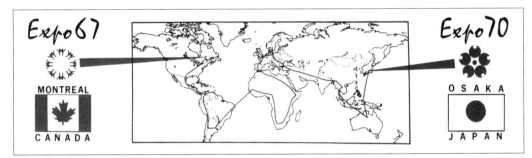

Afin de persuader des commanditaires de participer à leur projet, sous forme financière ou autre, la LMO (Livraison Montréal-Osaka) conçoit un cahier de présentation aussi artisanal qu'attrayant... et surtout convaincant. Plusieurs entreprises tombent sous le charme : le quatuor se voit offrir une camionnette de camping à prix réduit par Volkswagen ; le Club Royal Automobile met à leur disposition un spécialiste qui les conseille dans la mise au point de leur itinéraire, qui les mènera successivement en Amérique du Nord, en Amérique du Sud, en Afrique, en Europe, en Australie et, finalement, en Asie.

Le départ a lieu le 15 juillet 1968, de l'île Notre-Dame. Animés par le goût du risque et la soif de l'aventure, Jean-Pierre, Marie, François et Louise relatent leur odyssée dans les pages de *La Presse*. Grâce à cette couverture médiatique, plusieurs personnalités politiques étrangères de premier plan les accueillent et signent leur livre d'or, comme les premiers ministres de la Grande-Bretagne (Harold Wilson) et de l'Inde (Indira Gandhi), et les présidents de la Turquie (Süleyman Demirel) et du Guatemala (Anastasio Somosa).

Après plus d'un an de tribulations, le 23 août 1969 les membres de la LMO achèvent leur séjour à Bruxelles lorsqu'ils conçoivent une idée un peu folle : se présenter au 162 de l'avenue Louise, siège des Studios Hergé. Aussitôt dit, aussitôt fait. La chance est avec eux : le père de Tintin est là. Il interrompt son travail pour accueillir chaleureusement les quatre Québécois. Enthousiasmé par le récit de leur extraordinaire périple, il les invite au restaurant pour faire plus ample connaissance et mieux comprendre leurs motivations. Alors qu'il n'avait que trente minutes à leur accorder au départ, Hergé passe finalement plus de cinq heures avec eux. Il signe le livre d'or et exécute un formidable dessin en couleur de Tintin et Milou, Haddock, Tournesol et des Dupondt. Derrière eux, apparaît Toutounne, la camionnette verte qui transporte les quatre aventuriers depuis leur départ de Montréal.

Le petit message au bas de l'illustration traduit bien la sensibilité d'Hergé : « En très amical souvenir de ma rencontre à Bruxelles avec Louise et François Prévost, Marie Ferland et Jean-Pierre Ranger, qui parcourent le monde (comme Tintin...), avec un idéal de fraternité humaine. »

Page suivante : Un repas improvisé et une formidable dédicace couleur d'Hergé dans le livre d'or des quatre aventuriers.

À des amis du Japon, Tintin adresse
ses souhaits les plus chaleureux pour
le succès de l'Expo '70.

En très amical souvenir de
ma rencontre à Bruxelles avec
Louise et François Piérot,
Marie Ferland et Jean-Pierre
Ranger,

qui parcourent le monde (comme
Tintin...) avec un idéal de
paternité humaine.

Hergé.

23·8·'69.

Tintin à la Baie-James ?

Au fil des années suivantes, Jean-Pierre Ranger et Marie Ferland entretiennent une correspondance amicale avec Hergé. Ils reçoivent chaque Noël, tout comme leurs amis François et Louise, une carte de vœux de Tintin. Ranger, ex-employé de Radio-Canada, devient directeur des affaires publiques d'Air Canada en février 1979. Sa nouvelle fonction lui donne la chance d'offrir au créateur de Tintin un billet aller-retour Belgique-Québec. Hergé pourrait ainsi en profiter pour renouer avec ses nombreux amis québécois (en commençant par les quatre intrépides globe-trotters de la liaison LMO) et inaugurer l'exposition «Le Musée imaginaire de Tintin», présentée au Musée des beaux-arts de Montréal.

Ranger propose aussi à Hergé une visite du complexe hydroélectrique de La Grande. Depuis 1973, 12 000 ouvriers s'affairent à construire une série de barrages à la Baie-James, sur une superficie de 176 000 kilomètres carrés. Jean-Pierre Ranger est convaincu que ce chantier, l'un des plus grands au monde, constituerait une toile de fond rêvée pour une nouvelle aventure de Tintin. Il est si emballé par son idée qu'il la partage avec les responsables de la Société d'énergie de la Baie-James et fait même parvenir aux Studios Hergé de la documentation à cet effet.

Hergé, affaibli par la maladie, doit décliner l'invitation. Alain Baran, son assistant, ne manque pas de témoigner sa gratitude à Jean-Pierre Ranger et l'assure que Bob de Moor et Michel Demarets, proches collaborateurs d'Hergé, le représenteront à Montréal lors de l'inauguration de l'exposition du musée.

Vue panoramique de la Baie-James, au milieu des années 1970.

Gaby

Le portraitiste Gabriel Desmarais, mieux connu sous le nom de Gaby, est l'un des plus grands photographes québécois. Au milieu des années 1960, il mène une carrière internationale, exerçant son métier à Hollywood, Londres, Paris, Rome et Montréal. Charmées par son charisme et convaincues de son immense talent, des personnalités de tous les domaines se succèdent devant son objectif : chanteurs, acteurs, politiciens, musiciens, scientifiques… Si Gaby croque volontiers les portraits de Québécois célèbres (Jean-Pierre Ferland, Félix Leclerc, Gratien Gélinas ou Dominique Michel), il a aussi le privilège de travailler avec les plus grandes stars internationales, tels Grace de Monaco, Charles Aznavour, Louis Armstrong ou Charlton Heston.

Jean Cocteau lui a rendu un jour cet hommage : « Puisque la peinture se veut abstraite, les photographes restent nos seuls portraitistes, de véritables miroirs qui pensent. Chez Gaby, le miroir ne se contente pas de penser et de réfléchir, il parle. »

Un ami du photographe travaille chez Sabena. La compagnie aérienne belge lui offre souvent des billets d'avion en échange de tirages exclusifs de ses photographies. Ses voyages réguliers à Bruxelles lui donnent l'opportunité d'une rencontre marquante.

Fonceur et toujours avide de compléter sa galerie, il n'hésite pas à contacter les Studios Hergé, début 1970, pour solliciter une séance de photos avec le créateur de Tintin. La proposition de Gaby est enthousiasmante : il souhaite passer une demi-journée aux studios pour croquer sur le vif le travail des artistes. En un mot, de la réunion de production à la mise en couleur des planches, Gaby veut saisir l'âme des Studios Hergé.

La rencontre a finalement lieu en juin 1970. Gaby se faufile entre les tables à dessin des studios de l'avenue Louise, appareils en bandoulière, discret, à l'affût. Les coloristes et autres collaborateurs travaillent depuis peu sur une nouvelle aventure qui se déroule en Amérique du Sud : *Tintin et les Bigotudos* (qui sera publiée en 1976 sous le titre définitif de *Tintin et les Picaros*).

Fidèle à son style, Gaby sculpte les ombres et les lumières ambiantes. Il révèle, une fois de plus, la personnalité de ses sujets avec sensibilité et naturel. Hergé semble tantôt songeur, tantôt taquin, mais ne se départit jamais de sa rigueur légendaire.

Ces photos magnifiques, restées pendant près de 40 ans bien cachées dans les dossiers de l'artiste, figent pour l'éternité des images d'une douceur étonnante et font, comme l'ensemble de l'œuvre de Gaby, partie intégrante de notre héritage culturel.

Autoportrait de Gaby, photographe.

Pages suivantes : Quelques-unes des photos prises par Gaby lors de son passage aux Studios Hergé, à Bruxelles, en juin 1970.

Cactus et Coquelicot

Lise Paradis et Roger Payette,
alias Coquelicot et Cactus,
au milieu des années 1970.

L'affection que porte Tintin à ses amis a inspiré les plus belles histoires de complicité, et souvent même d'amour. En 1974, Lise Paradis étudie à Montréal, à l'éducation aux adultes, après un court passage comme secrétaire à Radio-Québec. Son professeur, Roger Payette, partage rapidement avec elle une belle complicité. De semaine en semaine, les échanges conviviaux au détour d'un corridor se prolongent, jusqu'à cette soirée de la Saint-Jean où Lise et Roger se croisent par hasard dans une rue de Montréal, prêts à célébrer la fête nationale entre amis. S'ensuit une soirée inoubliable, révélatrice de sentiments réciproques.

Si rien ne les sépare depuis ce jour, c'est un peu grâce à Tintin. Roger, que tous appellent Cactus, adore le capitaine Haddock et les aventures de son ami reporter. Ensemble, les deux amoureux se donnent comme défi de réaliser, au crochet, avec 100 000 bouts de laine, une fresque géante inspirée de la page 29 de l'album *Le Crabe aux pinces d'or*. Cette grande case où l'on voit Tintin et le capitaine, amis pour la vie, se soutenant dans l'épreuve (en l'occurrence la traversée du désert), a une signification toute spéciale pour le couple naissant.

Jacques, le frère de Cactus, trace à main levée le crayonné de la planche sur un immense canevas de 173 centimètres sur 238. Débute alors un travail de moine où Coquelicot (c'est le surnom de Lise) se charge de la moitié de la case, et son conjoint, de l'autre. Une année entière est nécessaire à la réalisation de cette fresque, ce qui représente quelque mille heures de travail. Il n'est pas toujours facile de trouver de la laine aux couleurs des personnages d'Hergé, mais la plus grande difficulté consiste à lier les deux parties, en égalisant la surface de façon à faire disparaître complètement le raccord. Bien plus qu'un simple bricolage, ce projet est le symbole vivant d'une complicité, comme si chaque bout de laine soudait un peu plus le couple.

Hergé reçoit deux photos de l'œuvre et réagit rapidement, impressionné par tant de patience et de minutie: «Peu d'envois m'auront fait autant plaisir que les photos de votre superbe tapisserie... Je conserverai ces deux photos parmi les documents les plus précieux qui m'aient été adressés[20].»

Cactus et Coquelicot célèbrent, au moment où sont écrites ces lignes, 34 ans de mariage et ils sont parents de 3 enfants. Et le plus merveilleux, c'est qu'ils lisent encore Tintin avant de se coucher!

Ci-contre: La fresque murale géante,
réalisée au crochet, inspirée de la célèbre
case de la planche 29 de l'album
Le Crabe aux pinces d'or.

Yves Pelletier, tintinophile

Parmi la foule qui se presse au stand des Éditions Casterman, ce jour-là, gambade un petit garçon de quatre ans accompagné de sa sœur et de sa mère. Nous sommes en avril 1965, au Palais du commerce, et le Salon du livre de Montréal bat son plein.

Bien avant ses premiers films expérimentaux et l'aventure de Rock et Belles Oreilles, Yves Pelletier aime s'évader dans les albums de Tintin. Certains des personnages lui donnent la chair de poule : la momie des *Sept Boules de cristal* est si horrible qu'elle lui vaut des cauchemars ! Son album préféré ? *Tintin au Tibet*. La couverture des *Bijoux de la Castafiore* le fascine, car c'est la seule image où Tintin le regarde droit dans les yeux, complice, et coloré à contrejour, comme pour être plus près du lecteur.

S'il se souvient aujourd'hui d'un homme élégant, assis derrière une table, multipliant les signatures et les sourires, Yves ne réalise pas vraiment, ce jour-là, qu'il a devant lui le père de son héros préféré. Lorsque vient son tour de se présenter à Hergé, le garçonnet lui tend son exemplaire du *Trésor de Rackham le Rouge*.

Il n'a qu'une seule question à lui poser : « Comment ça se fait que Tintin n'a pas de maman ? » Hergé éclate de rire. « Il n'en a pas besoin, réplique-t-il, il est assez grand pour faire le tour du monde tout seul ! » L'anecdote fait le tour de la famille, voire du voisinage. Ses parents, fiers de la vivacité d'esprit de leur fils, gardent en mémoire cette rencontre aussi brève qu'inoubliable.

Bien des années plus tard, en lisant le livre *Le Monde de Tintin*, de Pol Vandromme, Yves découvre que la question — *sa* question — était l'une de celles les plus souvent posées à Hergé. À défaut d'être originale, elle charma toutefois, ce jour-là, le créateur de Tintin.

Yves se souvient aussi du spectacle de marionnettes présenté au Jardin des merveilles. Haddock, suspendu à une corde au-dessus d'une chute d'eau dans *Le Temple du soleil*, est une image qui s'imprime à jamais dans sa tête d'enfant.

Le petit Yves Pelletier, l'air espiègle, n'a pas manqué de faire signer son exemplaire du *Trésor de Rackham le Rouge* en saluant le père de Tintin.

L'univers d'Hergé l'accompagne jusque dans ses études de cinéma, à l'Université du Québec à Montréal. Il réalise, en 1980, un film vidéo en noir et blanc portant sur l'influence de Tintin sur la culture québécoise. L'exercice est ponctué de quelques entrevues, dont une rencontre avec Denis Thérien, le gagnant de l'émission *Tous pour un*, 13 ans plus tôt, et une autre avec Raymond Beaulé, celui-là même qui accueillit Hergé à Montréal, à titre de représentant des Éditions Casterman au Québec.

L'année suivante, lors d'un festival, Yves Pelletier présente un court film expérimental tourné en super 8. « C'était un exercice de style, une adaptation éclatée de *Tintin au Tibet* réalisée avec de vieilles marionnettes. Je voulais explorer la réflexion des cases d'une BD à travers différents médiums, dont des miroirs, de l'eau et des parois de verre. Un exercice plutôt narcissique. »

Raymond Beaulé lui suggère d'en aviser Hergé, amateur averti d'art d'avant-garde, toujours intéressé par le regard que portent les artistes émergents sur ses œuvres. Yves ne prend pas au sérieux cette proposition et n'y donne pas suite.

Aujourd'hui, même s'il confesse son agacement devant la commercialisation à outrance de produits de luxe dérivés de l'univers de Tintin, Yves Pelletier reste attaché aux ambiances et aux histoires qui ont façonné une partie de sa jeunesse. La solide structure narrative des scénarios d'Hergé anime peut-être l'imaginaire de ce créateur dans ses projets de réalisation ou la composition de ses personnages. Quand on aime Tintin, c'est pour la vie !

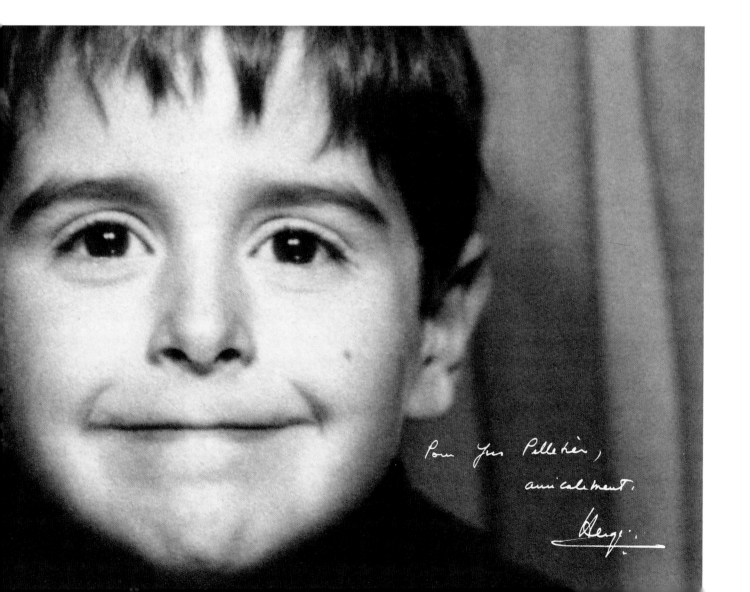

Pour Yves Pelletier, amicalement, Hergé

La passion selon Mario

L'univers des personnages d'Hergé n'a aucun secret pour l'humoriste Mario Jean. Depuis des années, il collectionne en effet tous les objets qui se rapportent à Tintin. Enfant, Mario ne possède qu'un album, *Coke en stock*; les autres, il les emprunte à la bibliothèque de sa ville natale de Chicoutimi. Il ne se lasse pas de lire et de relire les aventures du jeune reporter; son personnage préféré est le capitaine Haddock. Chaque année, le jour de l'An, Radio-Canada diffuse les deux films de Tintin mettant en vedette Jean-Pierre Talbot, un régal pour le jeune Mario.

À 16 ans, il effectue un premier voyage à Montréal avec quelques amis et se rend au Colisée du livre, situé dans le Palais du commerce. Quelle n'est pas sa surprise de trouver, au milieu de centaines de bandes dessinées usagées, un exemplaire de *Tintin en Suisse*! Ce pastiche médiocre de Tintin à saveur pornographique le laisse bouche bée. Il s'empresse de l'acheter et le rapporte chez lui. Si cet album lui permet de découvrir l'influence d'Hergé sur la culture populaire, Mario persiste à préférer les aventures originales de Tintin à ces reprises d'un goût discutable.

À partir de ce moment, Mario se met à courir les marchés aux puces et les antiquaires, à la recherche de nouveaux objets de collection à l'effigie de Tintin: figurines, affiches, disques, papeterie… Sa passion pour Tintin atteint son apogée lors d'un voyage en Belgique, vers la fin des années 1990. Invité au Festival du rire de Rochefort, il passe une partie de la semaine dans les boutiques et les magasins, fasciné par les centaines de produits dérivés de l'image de Tintin, Tournesol ou la Castafiore qu'il y découvre. Il rapporte dans ses bagages une vieille tasse et sa soucoupe, quelques crayons et de vieux exemplaires d'albums de Tintin.

Aujourd'hui, Mario Jean ne se considère pas comme un véritable collectionneur, puisqu'il ne tient pas à tout acquérir. Ses achats sont d'abord des coups de cœur, comme les deux maquettes de véhicules des albums *Objectif Lune* et *Tintin au pays de l'or noir*. Il adore ses collections de personnages en miniature, ses cuillères originales et son disque 45 tours du *Temple du soleil*, avec la chanson de Zorrino, composée par un autre grand artiste Belge, Jacques Brel. Dans l'immense étagère vitrée de son bureau, des centaines d'objets sont minutieusement classés: parapluie, brosse à dents, trousses à crayons, autocollants… Sur les murs se côtoient des affiches de jus d'orange vantés par Tintin, des hommages à Hergé ou des sérigraphies numérotées.

De nos jours, Internet favorise l'achat compulsif d'objets rares, car quelques clics suffisent à faire monter les enchères. Cependant, il peut s'avérer difficile de mettre la main sur un cendrier Tintin produit en petite quantité pour un événement donné, 40 ans plus tôt, surtout si on affronte la concurrence des milliers de tintinophiles disséminés aux quatre coins du monde. En revanche, il arrive à Mario de dénicher par chance, pour une bouchée de pain, un jouet rare dans une vente-débarras.

Certaines nuits, Mario Jean rêve qu'il pénètre dans une énorme boutique dédiée à Tintin. En ressort-il avec la pièce qu'il aimerait tant ajouter à sa collection? Il s'agit d'une colossale sculpture de Jean-Marie Pigeon, inspirée de la couverture du *Lotus bleu*, où l'on peut voir Tintin dissimulé dans un vase chinois. Aujourd'hui, Mario Jean n'est peut-être pas très loin du petit gars de Chicoutimi qui s'évadait grâce à la bande dessinée. Certains diront qu'il a gardé l'esprit Tintin, et c'est tout à son honneur!

L'humoriste Mario Jean a consacré une pièce complète de sa maison à sa collection d'albums et de produits dérivés des personnages d'Hergé.

Tintin au musée

Le Musée imaginaire de Tintin

Pages précédentes :
À gauche : *Le Secret de La Licorne*,
page 41, case 5.

À droite : vue de l'exposition « Le
Musée imaginaire de Tintin » au
Musée des beaux-arts de Montréal.

Ci-dessous : Première planche
crayonnée de *Tintin et l'Alph-art*.
Dans la marge gauche, la mention
« *MONTREAL NEXT* », qui
confirme la prochaine destination
de l'exposition « Le Musée imaginaire
de Tintin », prévue pour l'été 1980.

En 1979, Tintin souffle ses 50 bougies. Pour souligner l'événement, les Éditions Casterman publient un album commémoratif à tirage limité : *Cinquante ans de travaux fort gais*. Malgré la fatigue et des ennuis de santé de plus en plus préoccupants, Hergé répond aux invitations des médias belges et français. Il passe de moins en moins de temps devant sa table à dessin ; il n'a d'ailleurs rien publié depuis *Tintin et les Picaros*, trois ans plus tôt. Une bonne nouvelle adoucit pourtant son humeur : Tintin vient d'atteindre les 60 millions d'albums vendus sur la planète, offrant ainsi à son créateur une bonne raison de célébrer l'événement et d'oublier un instant ses problèmes de santé.

C'est dans le cadre de ces festivités qu'est présenté, d'abord à Bruxelles, puis à Bordeaux et enfin à Paris, « Le Musée imaginaire de Tintin ». Cette exposition a pour but de montrer comment les personnages et artefacts créés par Hergé sur le papier peuvent être reproduits en trois dimensions. Aucune planche originale n'est exposée. La confrontation proposée entre la fiction et la réalité suffit aux milliers de visiteurs qui affluent, fascinés par les objets inspirés de la série.

Le succès de l'événement n'échappe pas à Pierre Théberge, conservateur en chef du Musée des beaux-arts de Montréal. Il contacte Michel Baudson, le coconcepteur de l'exposition au Palais des beaux-arts de Bruxelles, et lui fait part de son souhait d'inviter Tintin dans la métropole. Comme des négociations sont déjà engagées avec les institutions muséales de Washington et d'autres villes américaines, les organisateurs envisagent la possibilité de faire tourner l'exposition dans plusieurs villes du Canada, dont Montréal. La Galerie nationale, à Ottawa, vient justement de manifester son intérêt pour le « Musée imaginaire » à l'ambassadeur de Belgique. Un appel collectif est lancé par le journal *Le Soleil* à Québec dans le but d'accueillir l'exposition si convoitée dans la Vieille Capitale. « Signez cette pétition et faites signer vos amis. Plus Hergé sera débordé, plus il sera sensible à vos appels ! », explique le quotidien.

Après quelques mois de négociations, la bonne nouvelle tombe : Tintin sera l'invité du Musée des beaux-arts de Montréal ! L'événement culturel de l'été sera présenté du 20 juin au 24 août 1980. Hergé apprend la nouvelle par téléphone, alors qu'il crayonne la première page de son prochain album : *Tintin et l'Alph-art*. Une petite note griffonnée près d'un croquis d'une Castafiore transformée en oiseau le confirme : « *Montreal next* » !

Le concept élaboré à Bruxelles par Michel Baudson et Pierre Sterckx est suivi à la lettre. La sélection des objets est adaptée aux goûts du public montréalais et varie aussi selon la disponibilité des œuvres appartenant à d'autres musées partenaires ou à des collections particulières. Seules quelques pièces, comme le «véritable» sceptre d'Ottokar ou le fétiche arumbaya de *L'Oreille cassée*, sont importées de Belgique. Pour le reste, les visiteurs franchissent les portes du Château de Moulinsart, découvrant une salle marine inspirée du *Trésor de Rackham le Rouge*. Ces adaptations permettent de diminuer les frais de transport et d'installation et de donner une saveur culturelle typiquement québécoise à l'exposition. L'événement est organisé avec l'étroite collaboration d'Hélène Lamarche et de Paul Hunter, les responsables des services éducatifs, de l'information et de la scénographie du Musée des beaux-arts de Montréal.

Les critiques sont unanimes pour encenser «Le Musée imaginaire de Tintin» et le public est au rendez-vous. Chaque fin de semaine, rue Sherbrooke, une file d'attente s'étire devant les guichets du musée. Le 13 août, les organisateurs accueillent le 100 000ᵉ visiteur de l'exposition, une Sherbrookoise de 12 ans.

À la fin de l'été, près de 144 000 personnes ont franchi les portes du musée. L'exposition présentée quelques mois plus tôt à Paris n'avait attiré que 50 000 visiteurs! C'est le début d'une nouvelle tradition pour le Musée des beaux-arts: accueillir en ses murs un public de tous âges par le biais d'expositions estivales, familiales et conviviales.

Impressionné par le succès de l'exposition québécoise, Hergé est une fois de plus ravi de constater la force des liens unissant le Québec à Tintin. Ce chiffre vaut pour lui mille mots et traduit la passion indéfectible des Québécois pour son œuvre et ses personnages.

Vues de l'exposition présentée au Musée des beaux-arts de Montréal.

Voyage au Saguenay

Déplacer le « Musée imaginaire de Tintin » au pays des Bleuets n'est pas une mince affaire... À la suite d'une visite de l'exposition présentée à Montréal, trois organismes s'associent et militent pour recréer l'événement à Chicoutimi. La coalition formée par le Musée du Saguenay-Lac-Saint-Jean, la Société des arts et le Service des loisirs de Chicoutimi rencontre la direction du Musée des beaux-arts pour la persuader du sérieux de sa démarche. Après moult négociations et recherches de subsides auprès d'institutions publiques et privées pour obtenir les 42 000 dollars nécessaires à la réalisation et la promotion de l'événement, le feu vert est donné par Montréal et la Belgique.

Le « Musée imaginaire de Tintin » ouvre ses portes le 21 septembre 1980 et se poursuit jusqu'au 2 novembre. Le concept montréalais est revisité et agrémenté de projections de dessins animés organisées par les Caisses populaires de Chicoutimi, et d'un coin lecture. Une étroite collaboration s'instaure avec les institutions scolaires régionales afin d'attirer un maximum de visiteurs à l'exposition. Le bilan est impressionnant : 38 000 visiteurs au total, soit seulement 12 000 de moins qu'à Bruxelles ! L'exposition s'avère rentable et les organisateurs enregistrent même un profit ! Seule ombre au tableau : le vol des panneaux de bois représentant Milou et Tournesol, à l'entrée de l'exposition. Heureusement, le Musée de Chicoutimi s'est empressé de fabriquer des copies.

Après Bruxelles, Bordeaux, Paris et Montréal, l'exposition « Le Musée imaginaire de Tintin » se déplace pour quelques semaines au Saguenay-Lac-Saint-Jean, une destination improbable qui en fait sourciller plus d'un.

Tintin à l'hôpital

En avril 1982, le Musée des beaux-arts de Montréal prend l'initiative, avec la bénédiction d'Hergé, d'offrir à l'hôpital Sainte-Justine les personnages de Tintin qui ornaient les grands escaliers de son exposition. Ce cadeau tombe à point, puisque l'institution célèbre ses 75 ans. Ces peintures murales aux couleurs du *Lotus bleu* et du *Crabe aux pinces d'or* sont encore visibles aujourd'hui, derrière l'entrée principale, près des salles d'attente et des ascenseurs.

Le Monde de Tintin

En 1985, Année internationale de la jeunesse, le Salon du livre de Québec présente une exposition intitulée « Le Monde de Tintin ». L'initiateur du projet, François Hébert, est un collectionneur averti qui possède des centaines d'objets à l'effigie du jeune reporter. Professeur enseignant la bande dessinée au département de communications et de journalisme de l'Université Laval, il est l'auteur de *Êtes-vous tintinologue ?*, ouvrage en deux volumes destiné aux tintinophiles, qui fut un succès au Québec et fut ensuite repris par Casterman.

Emballé par le projet d'exposition, le directeur du Salon, Lorenzo Michaud, met à sa disposition le hall du Centre des congrès pour y installer les objets et albums de sa collection. Par souci de rigueur, il délègue Hébert aux Studios Hergé en Belgique pour négocier les modalités d'utilisation des personnages d'Hergé.

Le quotidien *Le Soleil* annonce la bonne nouvelle dans son édition du 20 avril 1985. « Le directeur administratif des Studios Hergé, Alain Baran, a trouvé excellente l'idée de l'exposition. Franchement, je ne pensais pas obtenir autant de matériel des studios ! », confie François Hébert au journaliste Régis Tremblay.

Ce prêt est apprécié par les organisateurs, qui décorent le hall du Salon de jouets, d'albums rares, de disques, de cartes, de publicités, de lithographies, de produits alimentaires, de périodiques et autres curiosités dérivées de l'univers de Tintin. Des objets issus de la collection personnelle de François Hébert viennent compléter l'exposition : un petit sarcophage, le sceptre d'Ottokar, le fétiche arumbaya, des figurines…

Cette exposition souligne le deuxième anniversaire de la mort d'Hergé, survenue le 3 mars 1983, à la suite d'un long combat contre la leucémie. À cette occasion, une sculpture amérindienne est remise par Lorenzo Michaud à Philippe Cantraine, le délégué de la communauté française Wallonie-Bruxelles, afin d'exprimer la reconnaissance des Québécois à la Belgique et à l'œuvre d'Hergé.

« Le Monde de Tintin » est réalisé en collaboration avec la librairie Le Royaume de la bande dessinée de la Place Belle-Cour, à Sainte-Foy, dont Denys Hébert, le frère de François, est le propriétaire. Ce dernier collabore à l'ensemble des préparatifs de l'exposition, montée si rapidement qu'elle n'est même pas assurée, bien qu'évaluée à plus de 100 000 dollars.

À l'approche de l'inauguration, un communiqué annonce l'organisation d'un concours de création d'objets inspirés des aventures de Tintin. Les gagnants se partageront des prix en argent et des sérigraphies ou albums numérotés offerts par les Studios Hergé et le libraire partenaire. Un comédien personnifiant le capitaine Haddock est installé devant l'énorme reproduction d'une case de *L'Étoile mystérieuse*, derrière son gouvernail, et pose en compagnie des enfants.

Enfin, François Hébert obtient la permission des Studios Hergé de fabriquer 3000 petites tirelires en forme de boîtes de crabe inspirées de l'album *Le Crabe aux pinces d'or*.

L'inauguration de l'exposition a lieu le 23 avril, en présence de députés et de l'équipe d'administration du Salon. Mais la visite la plus importante de la semaine est sans doute celle de Bob de Moor, le bras droit d'Hergé, nommé depuis peu directeur artistique des studios. L'auteur des séries Barelli et Cori le Moussaillon (et proche collaborateur pour 13 des 23 albums de Tintin) rencontre les lecteurs de Québec et s'attache à préserver la mémoire d'Hergé auprès des médias.

La présence de Tintin au Salon international du livre de Québec a indéniablement contribué à l'essor de son succès. Enthousiasmé par cette première, l'initiateur de l'exposition ne tarde pas à renouveler l'expérience.

Ci-dessus : Le programme artisanal de l'exposition « Le Monde de Tintin », présentée à Québec.

Tintin au Petit-Champlain

Trois ans ont passé depuis l'exposition du Salon du livre et l'idée d'organiser un nouvel évé-nement autour de Tintin commence à germer dans la tête des frères Hébert. Forts du succès remporté par la présentation de quelques pièces de leur collection à la librairie de Denys, ils proposent au Théâtre du Petit-Champlain d'exposer 520 albums et objets de leur collection, accu-mulés au fil des ans. Le succès de l'entreprise est presque assuré, puisqu'une partie de celle-ci a été présentée en 1986 au Musée du Saguenay et, plus récemment, à l'Île-Bizard. Chaque fois, le public était au rendez-vous.

L'exposition « Tintin au Petit-Champlain » occupe le premier étage du théâtre. L'inauguration a lieu le 4 mai 1988 en présence de Richard Lavoie, président de la Coopérative des artisans et com-merçants du quartier Petit-Champlain à Québec, et de Philippe Cantraine, délégué de la Communauté française de Belgique au Québec.

Aux objets de collection viennent s'ajouter de formidables œuvres réalisées par la sculpteure Michèle Prasil. Cette artiste française, qui vit au Québec depuis 1970, impressionne les visiteurs avec des poupées à échelle humaine, comme sa Castafiore plus vraie que nature aux côtés de laquelle les enfants se font photographier.

Plus complète et plus intime que dans sa première mouture, trois ans plus tôt, l'exposition recueille la faveur du grand public, malgré la sobriété de sa présentation.

Au Pérou avec Tintin

L'exposition « Au Pérou avec Tintin », réalisée en collaboration avec la Fondation Hergé et les Musées royaux d'Art et d'Histoire de Belgique, est présentée au Musée de la civilisation de Québec, du 25 octobre 2006 au 6 janvier 2008. Ses organisateurs comptent attirer autant de visiteurs, sinon davantage, que l'exposition Astérix, présentée au même endroit de 2003 à 2005.

La directrice générale du musée, Claire Simard, explique sa démarche aux médias : « Tintin a for-tement marqué l'imaginaire des Québécois. Nous offrons aux visiteurs le privilège de pouvoir admi-rer des pièces archéologiques remarquables, provenant des Incas et de leurs prédécesseurs. »

L'exposition est une incursion dans l'univers des albums *Les Sept Boules de cristal* et *Le Temple du soleil*. Plus de 200 objets provenant du Pérou occupent plusieurs salles du musée, dont la momie qui inspira à Hergé le personnage de Rascar Capac, ainsi que de nombreuses planches originales de l'auteur. Un des objectifs du projet est de comparer l'imaginaire d'Hergé à la réalité archéologique péruvienne. Des activités parallèles sont également proposées aux visiteurs : atelier de fabrication de coiffes et de masques, dégustation de mets péruviens, animation scientifique sur le thème des éclipses.

Cinq mois après l'ouverture d'« Au Pérou avec Tintin », la directrice générale accueille le 200 000ᵉ visiteur. Ce succès extraordinaire n'est pas sans rappeler celui du « Musée imaginaire de Tintin », présenté 26 ans plus tôt à Montréal. À la fin de l'exposition, en janvier 2008, la fréquentation aura atteint 685 609 visiteurs, un chiffre astronomique qui confirme l'engouement du public pour Tintin et l'importance majeure du Musée de la civilisation en tant qu'attrait touristique culturel au Québec.

Page suivante : Affiche officielle de l'exposition « Au Pérou avec Tintin », qui remporte un immense succès au Musée de la civilisation de Québec en 2007.

AU PÉROU AVEC TINTIN

du 25 octobre 2006 au 6 janvier 2008

www.mcq.org
www.tintin.com

MUSÉE DE LA CIVILISATION

Épilogue

L'héritage que laissent Hergé et ses personnages aux Québécois dépasse largement le cadre de la simple anecdote. Bien qu'il ne soit jamais revenu dans la Belle Province, le père de Tintin a poursuivi ses nombreuses correspondances avec ses «amis canadiens» et a conservé, jusqu'à la fin de sa vie, un souvenir impérissable de son séjour chez nous. Il a accueilli plus d'une fois dans ses studios des artisans québécois avec toute la chaleur humaine qui le caractérisait. Il se faisait aussi un devoir de répondre personnellement à chacun des Québécois qui lui écrivaient, comme à ses autres lecteurs du monde entier.

Prenez par exemple cette lettre, retrouvée par hasard au fil de nos recherches, adressée en 1973 au Lavallois Denys Lortie, et dans laquelle il répond à toutes les questions de son jeune admirateur.

Tu m'as écrit une lettre charmante, qui m'a fait beaucoup plaisir.
1) Le premier album de Tintin a été publié en 1930.
2) Il n'y a pas eu de Tintin avant cela, car c'est moi qui ai créé ce personnage.
3) Tintin existe, comme tous les héros d'histoires auxquels les enfants croient.
4) Milou est de la race des fox-terriers à poils durs.
5) Je suis né le 22 mai 1907 : fais toi-même le calcul de mon âge !

Hergé était un homme disponible et généreux. Il avait une conscience aiguë du privilège qu'il avait de faire rêver les enfants du monde entier – et des responsabilités qui en découlaient.

Pour certains, il se dégage de l'ensemble des «opérations Tintin au Québec» un arrière-goût de rendez-vous manqué, puisque l'album tant rêvé n'a jamais vu le jour et que le film envisagé n'a pas abouti non plus. D'autres voient dans la volonté de jumeler Tintin et le Québec le signe d'une société qui s'émancipait et désirait s'accomplir en rayonnant grâce à des projets d'envergure internationale.

Quoi qu'il en soit, ces tranches de vie culturelle ont fait rêver les enfants de 7 à 77 ans et ont prolongé l'univers féerique d'Hergé dans le quotidien de nos familles. La culture, sous toutes ses formes, était au cœur de plusieurs des grands projets de la Révolution tranquille, et nous pouvons affirmer que Tintin fait partie des jalons qui ont façonné l'imaginaire de bien des jeunes Québécois.

Encore de nos jours, plus de 100 000 exemplaires des albums de Tintin, tous titres confondus, sont vendus au Québec chaque année. Y a-t-il meilleure preuve de la modernité de notre jeune reporter et de son ancrage dans notre mémoire collective ?

Soyons donc chauvins et osons affirmer bien haut que le Québec a, d'une certaine façon, peuplé l'imaginaire de Tintin. C'est un juste retour des choses, puisque le héros d'Hergé habite notre cœur depuis bien longtemps.

Tintin au Congo, page 1, case 1.

Remerciements de l'auteur

Ce projet n'aurait pu se faire sans la confiance et l'enthousiasme de mes éditeurs. Merci à André Gagnon et Arnaud Foulon. Toute ma reconnaissance à Hervé Foulon pour son indéniable coup de pouce. Mes hommages à ma blonde Marie Claude pour son soutien et son inébranlable patience. Christian Proulx m'a proposé cette grande aventure et je lui dois ma reconnaissance pour son aide. Ce dernier joint d'ailleurs sa voix à la mienne pour l'ensemble des remerciements qui suivent...

Merci à Bruno Ricca pour sa mise en pages si conforme à « l'esprit Tintin », Didier Platteau, Yves Février et Dominique Maricq de la Fondation Hergé, toute l'équipe des Éditions Moulinsart, Yves et Monique Michaud, Micheline Legendre, partie beaucoup trop tôt, Marcel Godin et France DesRoches pour m'avoir reçu dans de tristes circonstances. Merci à Gérard Binet, Philippe Goddin, Jean-Pierre Talbot, Denis Thérien, Ronald Desmarais et Roch Demers, qui m'ont fait part de leurs précieux souvenirs, ainsi qu'à la famille Cousineau, Jean-Pierre Ranger et Marie Ferland, Noëlla Hovington, Jean-Claude Germain, François Hébert, Léo Brunelle, Pascal Gélinas, Claude Daigneault, Cactus et Coquelicot, Jacques Hellemans et Armand Lafond, Mélanie Crête, Yves Pelletier et Sophie Goyette, Mario Jean et Catherine Desgagnés, Claude Jolicœur de l'ONF, Étienne Pollet, des Éditions Casterman, Marielle Lavertu, des Archives nationales du Québec; Lucie Pelletier, Denys Chouinard, Gilles Lafontaine et Mario Robert, de la Ville de Montréal; Monique Quesnel et Lysanne Saint-Laurent, des archives de Radio-Canada. Je dois aussi souligner les généreuses collaborations de Serge Brillant, France Charest et Telesforo Tajuelo, de la Régie du cinéma; Julienne Boudreau, Robert Beaudoin et Lauraine Leblanc, de la Cinémathèque québécoise; le tandem Monique de Gramont — Robert Charrette, Mireille Auger, de l'UDA, Serge Poulin, du Musée de la civilisation; Mᵐᵉ de Coster, des Éditions du Lombard; Laure Lejeune, de la Fondation Raymond Leblanc; Tina Lusignan, de la Commission du droit d'auteur du Canada; Louis Kirouac, Michel Viau, Jourdan Le Clerq, Gérald Dewinter et Stéphane Steeman des Amis de Hergé, Jean-Louis Clerbois, et Web (qui se reconnaîtra). Ont aussi mis la main à la pâte: Diane Beaulieu, de la Commission scolaire de la Capitale; Rénald Saint-Hilaire, de DLM; Marie-Claude Saia, du Musée des beaux-arts de Montréal, Louise Desbiens, du centre Immaculée-Conception; Annick Lynch et Andrée-Anne Lavigne, des archives de TVA; Martine Rodrigue, Isabelle Labrecque et Caroline Cholette, d'Hydro-Québec; Jean-Pierre Masse, Claude Quentin, Monique et Marjolaine de l'UQAM; Marie Désilets et Catherine Ordi, de la Bibliothèque et des Archives nationales du Québec; Jean-François Chartrand, des Archives de la rue Viger; Jérôme Bégin, Mélanie Roux et Nicolas Tremblay, des Archives de la Ville de Québec; Laure Lejeune de la Fondation Raymond Leblanc; Yves Sente, des Éditions du Lombard; Dominique Brunelle, Richard Langlois, Thomas-Louis Côté, Danielle Blanchette, Michel Viau, Pierre Pageau, Éric Robillard, Yves Lever, Jean Layette, Alain Jourdan, Julie Bourgon, Jocelyn Jalette, l'Association des retraités de Radio-Canada; Hélène Gosselin, du Service de l'évaluation de la Ville de Québec, Gilles Houde, Raymond Beaulé, Pierre Delisle et Maryse Desrochers, Nahal Hend du Consulat général de Belgique et Charles Houard de la délégation Wallonie-Bruxelles.

Remerciements de Christian Proulx

À mes parents, mon frère Roger aujourd'hui disparu et mon fils Raphaël, je dédie ce livre.

À Tristan Demers, à l'équipe d'Hurtubise, Jocelyne et Pierrette, Renée Frigon, Augustin Pinard, Jean-François Proulx, Geneviève Caron, Richard-Alain Valois, Pierre Gélinas, Marie-Josée et Claire Falardeau, René Hélie, Georgette Jean, Monique Gellaerts, Pierre Letarte et sa conjointe, Patrice Guérin, Nicolas Poussy, Sophie Morel et l'équipe de Bibliothèque et Archives nationales section Mauricie, Lynda Giroux, Steven Maguire, Jean-Marc Bouillet, Facundo, Denis Giguère, Louis Lavoie, Pierre Skilling, Renée Rivest, Denis Lortie, Anne-Marie Sicotte, Alain Besré, l'équipe de la bibliothèque Gatien-Lapointe, les amis de la pâtisserie Nys, Claude Babeux, Matthew et Erwan Chirol, Nadège, Isabelle Grenier, Daniel, Patrice Guérin et les autres qui m'ont aidé, soyez personnellement remerciés pour votre appui et votre amitié.

Notes

1 Radio-Canada, émission *Premier Plan*, diffusée le 27 juin 1962.

2 Fiche de l'Office des communications sociales, décembre 1962. Archives de la Régie du cinéma.

3 Communiqué de presse. Fonds du Salon du livre de Montréal. Archives nationales du Québec.

4 Lettre de Jean Loiselle à Raymond Leblanc du 19 décembre 1963. Fonds du Salon du livre de Montréal, Archives nationales du Québec.

5 Lettre d'Hergé à Jean Loiselle du 21 décembre 1964. Fonds du Salon du livre de Montréal, Archives nationales du Québec.

6 *La Presse*, 7 avril 1965.

7 *Le Petit Journal*, 11 avril 1965.

8 Lettre de J.-Z. Léon Patenaude à Raymond Beaulé du 25 mars 1965. Fonds du Salon du livre de Montréal, Archives nationales du Québec.

9 *Dimanche-matin*, 18 avril 1965.

10 Lettre de Branden de Reeth à Marcel Godin du 30 avril 1965. Archives personnelles de Marcel Godin.

11 *L'Action*, 13 avril 1965.

12 *Le Soleil*, 13 avril 1965.

13 *Le Petit Journal*, 4 avril 1965.

14 *Journal La Côte-Nord*, 21 avril 1965.

15 Lettre d'Hergé à Martine Marteau du 17 mai 1965. Archives personnelles de Martine Marteau.

16 Lettre d'Hergé à Claude Daignault du 4 février 1966. Archives personnelles de Claude Daignault.

17 Lettre de Jacques Bobet à Hergé du 27 octobre 1966. Archives de l'ONF.

18 Lettre d'Hergé à Jacques Bobet du 3 décembre 1966. Archives de l'ONF.

19 Télégramme d'Hergé à Radio-Canada pour Denis Thérien du 25 avril 1967. Archives personnelles de Denis Thérien.

20 Lettre d'Hergé à Lise Paradis et Roger Payette du 27 octobre 1976. Archives personnelles de Lise Paradis.

Crédits des photographies et des illustrations

Pages de garde: Illustration des Studios Hergé pour un postogramme de La Poste Belge, 1991 © Hergé/Moulinsart / **Page 7 :** © Hergé/Moulinsart / **Pages 8 et 9 :** Spectacle «Culture vivante», jeunes lisant des bandes dessinées, Gabor Szilasi, 1968 : Bibliothèque et Archives nationales du Québec, Direction du Centre d'archives de Montréal, Fonds ministère de la Culture et des Communications, E6, S7, SS1, P680730 / **Page 11 :** Yves Michaud : collection personnelle d'Yves et Monique Michaud – Immeuble de *La Patrie* : Office du tourisme, vues de Montréal, vers la fin des années 1950, Bibliothèque et Archives nationales du Québec, Direction du Centre d'archives de Montréal, Fonds ministère de la Culture et des Communications, E6, S7, SS1, P223137 – Tintin : © Hergé/Moulinsart / **Page 12 :** Kiosque à journaux : Archives de la Ville de Montréal / **Page 13 :** © Hergé/Moulinsart / **Pages 14 et 15 :** © Hergé/Moulinsart / **Pages 16 et 17 :** © Hergé/Moulinsart / **Page 18 :** Judith Jasmin : Archives de la société Radio-Canada – Tintin : © Hergé/Moulinsart / **Page 19 :** © Hergé/Moulinsart / **Pages 20 et 21 :** © Moulinsart / **Page 22 :** © Hergé/Moulinsart / **Pages 23 à 25 et 27 :** Photos de l'émission de radio Tintin, Archives de la société Radio-Canada, avec l'autorisation des comédiens ou de leurs successions par l'entremise du secteur Télévision-Phonogramme-Variétés de l'Union des artistes / **Page 26 :** © Hergé/Moulinsart / **Pages 28 et 29 :** © Hergé/Moulinsart / **Page 30 :** Tintin : © Hergé/Moulinsart – Photos de tournage, collection personnelle de Jean-Pierre Talbot / **Page 31 :** Tintin, © Moulinsart – Bureau de la censure, Gabor Szilasi, 1965 : Bibliothèque et Archives nationales du Québec, Direction du Centre d'archives de Montréal, E6, S7, SS1, P650548 / **Page 32 :** *La Patrie*, janvier 1965 – Fiche d'examen de *Tintin et les oranges bleues*: Régie du cinéma du Québec / **Page 33 :** © Hergé/Moulinsart / **Page 34 :** Hergé et Raymond Leblanc : Archives Hergé, © Hergé/Moulinsart – *La Patrie*, août 1963, © Moulinsart / **Page 35 :** *La Patrie* – © Moulinsart / **Page 36 :** © Hergé/Moulinsart / **Pages 37 à 39 et 41 :** Photos de l'équipe de l'émission de radio Tintin, Archives de la société Radio-Canada / **Page 40 :** *Journal Tintin* : Éditions du Lombard / **Page 42 :** © Hergé/Moulinsart / **Page 43 :** Tintin au Jardin des merveilles : Archives de la Ville de Montréal / **Page 44 :** Archives de la Ville de Montréal / **Page 45 :** Gouache représentant le théâtre de marionnettes, photographe inconnu, vers 1964 : Bibliothèque et Archives nationales du Québec, Direction du Centre d'archives de Montréal, Fonds Micheline Legendre, MSS93 / **Page 46 :** Jardin des merveilles du parc Lafontaine à Montréal, Gabor Szilasi, 1963 : Bibliothèque et Archives nationales du Québec, Direction du Centre d'archives de Montréal, Fonds ministère de la Culture et des Communications, E6, S7, SS1, P631393 – Bateau pour enfants au Jardin des merveilles du parc Lafontaine à Montréal, Armour Landry, vers 1967, Bibliothèque et Archives nationales du Québec, Direction du Centre d'archives de Montréal, Fonds Armour Landry, P97, S1, P7492 – Spectacle d'otaries au Jardin des merveilles du Parc Lafontaine à Montréal, Armour Landry, vers 1967 : Bibliothèque et Archives nationales du Québec, Direction du Centre d'archives de Montréal, Fonds Armour Landry, P97, S1, P7558 / **Page 47 :** Archives de la Ville de Montréal / **Page 48 :** Cartons publicitaires et invitation à la première du spectacle de Tintin, 1964 : Bibliothèque et Archives nationales du Québec, Direction du Centre d'archives de Montréal, Fonds Micheline Legendre, MSS93 / **Page 49 :** Archives de la Ville de Montréal / **Pages 50 à 53 :** Archives de la Ville de Montréal / **Page 53 :** Capitaine Haddock, © Hergé/Moulinsart / **Page 54 :** © Hergé/Moulinsart / **Page 55 :** Archives de la Ville de Montréal / **Page 56 :** J.-Z. Léon Patenaude à son bureau, John Max, courtoisie de Stephen Bulger Gallery : Bibliothèque et Archives nationales du Québec, Direction du Centre d'archives de Montréal, Fonds *Journal Québec-Presse*, P404 / **Page 57 :** Entête officielle du septième Salon du livre de Montréal, 1965 : Bibliothèque et Archives nationales du Québec, Direction du Centre d'archives de Montréal, Fonds Salon du livre de Montréal, P325 / **Page 59 :** © Hergé/Moulinsart / **Page 60 :** © Hergé/Moulinsart / **Page 62 :** Lettre de Louis-Robert Casterman à J.-Z. Léon Patenaude, 8 octobre 1964, courtoisie d'Étienne Pollet : Bibliothèque et Archives nationales du Québec, Direction du Centre d'archives de Montréal, Fonds Conseil supérieur du livre, P319 / **Page 63 :** *La Patrie*, août 1965, © Hergé/Moulinsart / **Page 64 :** © Hergé/Moulinsart / **Page 65 :** Archives de la Ville de Montréal / **Page 66 :** Hôtel Reine Élizabeth, Archives de la Ville de Montréal – *La Patrie*, avril 1965 / **Page 67 :** Arrivée d'Hergé à l'aéroport : Collection personnelle, famille Casterman ; courtoisie d'Étienne Pollet / **Page 68 :** Réginald Martel au micro : Archives de la société Radio-Canada – Café Martin, Conrad Poirier, 15 décembre 1946 : Bibliothèque et Archives nationales du Québec, Direction du Centre d'archives de Montréal, Fonds Conrad Poirier, P48, S1, P12843 – Dédicace d'Hergé : collection personnelle d'Yves et Monique Michaud / **Page 69 :** Palais du commerce : BAnQ, Bernard Fougères – Publicité de la venue d'Hergé au septième Salon du livre de Montréal, 1965, Bibliothèque et Archives nationales du Québec, Direction du Centre d'archives de Montréal, P325, © Hergé/Moulinsart / **Page 70 :** Tintin, Hergé/Moulinsart – Édifice de Télé-Métropole et photo du plateau de l'émission *Bon après-midi*, 1965 : gracieuseté Groupe TVA inc. / **Page 71 :** *La Patrie*, avril 1965, © Hergé/Moulinsart – Hergé au Salon du livre : collection personnelle de

Table des matières

Index

Du même auteur

Essai

La Bande dessinée en classe. Pour lire, écrire et créer (en collaboration avec Jocelyn Jalette), Montréal, Hurtubise HMH, 2006.

Bande dessinée (textes et dessins)

SÉRIE GARGOUILLE

Drôle d'univers, 2ᵉ édition. Terrebonne, Boomerang éditeur jeunesse, 2010.
Embarquement hilarant, Terrebonne, Boomerang éditeur jeunesse, 2009.
25 ans et toutes ses dents! Terrebonne, Boomerang éditeur jeunesse, 2008.
Tranches de rires! Terrebonne, Boomerang éditeur jeunesse, 2007.
Fax à farces! Laval, Éditions Mille-Îles, 2003.
Tête en l'air! Bruxelles, P & T Production, 1999.
Faut que ça bouge! Laval, Éditions Mille-Îles, 1998.
Faut que ça bouge! Bruxelles, P & T Production, 1997.
Premières aventures, Laval, Éditions Mille-Îles, 1997.
Portrait de famille, Laval, Éditions Mille-Îles, 1995.
Drôle d'univers! Laval, Éditions Mille-Îles, 1993.
Pour l'humour de l'art, Laval, Éditions Mille-Îles, 1992.
Gags en vrac! Laval, Éditions Mille-Îles, 1991.
Ça m'intrigue, Laval, Éditions Mille-Îles, 1989.
Chasse aux mystères, Laval, Éditions Mille-Îles, 1988.

SÉRIE COSMOS CAFÉ

Comiques en orbite! Terrebonne, Boomerang éditeur jeunesse, 2010.
Perdus dans l'espèce, Terrebonne, Boomerang éditeur jeunesse, 2008.
Spatial du jour, Terrebonne, Boomerang éditeur jeunesse, 2006.